汉语言专业本科系列教材·文化类
SERIES OF CHINESE TEXTBOOKS FOR COLLEGE STUDENTS · CULTURE

"十二五"国家重点出版物出版规划项目

尔雅中文

CONTEMPORARY CHINESE LITERATURE
中国当代文学

李春雨 编著

北京语言大学出版社
BEIJING LANGUAGE AND CULTURE
UNIVERSITY PRESS

© 2016 北京语言大学出版社，社图号 15362

图书在版编目（CIP）数据

中国当代文学 / 李春雨编著. -- 北京：北京语言大学出版社，2016.6（2025.3重印）
（尔雅中文）
ISBN 978-7-5619-4448-6

Ⅰ. ①中… Ⅱ. ①李… Ⅲ. ①汉语－对外汉语教学－教材 Ⅳ. ① H195.4

中国版本图书馆 CIP 数据核字 (2016) 第 034207 号

尔雅中文　中国当代文学
ERYA ZHONGWEN ZHONGGUO DANGDAI WENXUE

排版制作：	北京创艺涵文化发展有限公司
责任印制：	邝　天

编辑委员会
主　任　张　健
副主任　唐琪佳　陈维昌
秘　书　史　健
各序列负责人（按姓氏音序排列）
　　　　陈维昌　付彦白　刘艳芬　王　轩

出版发行：	北京语言大学出版社
社　　址：	北京市海淀区学院路 15 号，100083
网　　址：	www.blcup.com
电子信箱：	service@blcup.com
电　　话：	编辑部　8610-82303647/3592/3395
	国内发行　8610-82303650/3591/3648
	海外发行　8610-82303365/3080/3668
	北语书店　8610-82303653
	网购咨询　8610-82303908
印　　刷：	北京市金木堂数码科技有限公司
版　　次：	2016 年 6 月第 1 版　　**印　次：** 2025 年 3 月第 5 次印刷
开　　本：	889 毫米 × 1194 毫米　1/16　　**印　张：** 9.25
字　　数：	162 千字
定　　价：	63.00 元

PRINTED IN CHINA
凡有印装质量问题，本社负责调换。售后 QQ 号 1367565611，电话 010-82303590

总　序

《尔雅中文——汉语言专业本科系列教材》(以下简称《尔雅中文》)是面向以汉语作为第二语言的学习者的汉语言专业本科学历教育教材，是继上世纪90年代至本世纪初出版的《对外汉语本科系列教材》之后推出的新一代大型系列教材。

近年来，国际职场对复合型汉语人才的需求猛增，对专业建设、教学改革、课程建设以及教材编写都提出了新的要求。我们顺应这一发展趋势，将汉语言专业的人才培养目标由以往单纯强调语言技能的"汉语专门型人才"调整为目前的具备"语言＋专业"复合能力的"汉语通用型人才"，在汉语言专业陆续增设一些新的方向，凸显出汉语言专业课程体系的时代特色。但是，我们充分认识到，对于汉语言专业的学生而言，核心问题仍是如何更有利于自身语言能力的提高，特别是语言交际能力、认知能力、跨文化交流能力等综合性、复合型能力的提升。因此，我们虽在语言技能、语言知识课程外增设了较为系统的历史文化、国情社会、经济商务等方向的课程，但是，这些课程不是仅用来灌输知识的，而是为更好地扩展语言能力而服务，以培养语言能力为核心的理念并未改变。

《尔雅中文》教材体系与专业课程体系紧密相连，包含了横向和纵向两个序列：横向上，在不断完善语言技能、语言知识、文化系列教材的基础上，增设了较为系统的商务、翻译、教学等专业方向的专业语言技能和专业知识教材；纵向上，建立起更为缜密的综合课与听、说、读、写、译各分技能课的一至四年级的梯度等级，平衡了一般技能课跟各序列的专业技能课、知识课的比例。横向与纵向协调发展，形成了汉语言专业本科大型教材的网状系统，最大程度地体现出专业教学的系统性、关联性、层级性和针对性，也为以汉语言专业为依托、面向汉语作为第二语言学习者的本科专业群的建设奠定了坚实的基础。《尔雅中文》教材相对应的课程序列与梯度等级如下图所示：

课程序列与梯度等级示意图

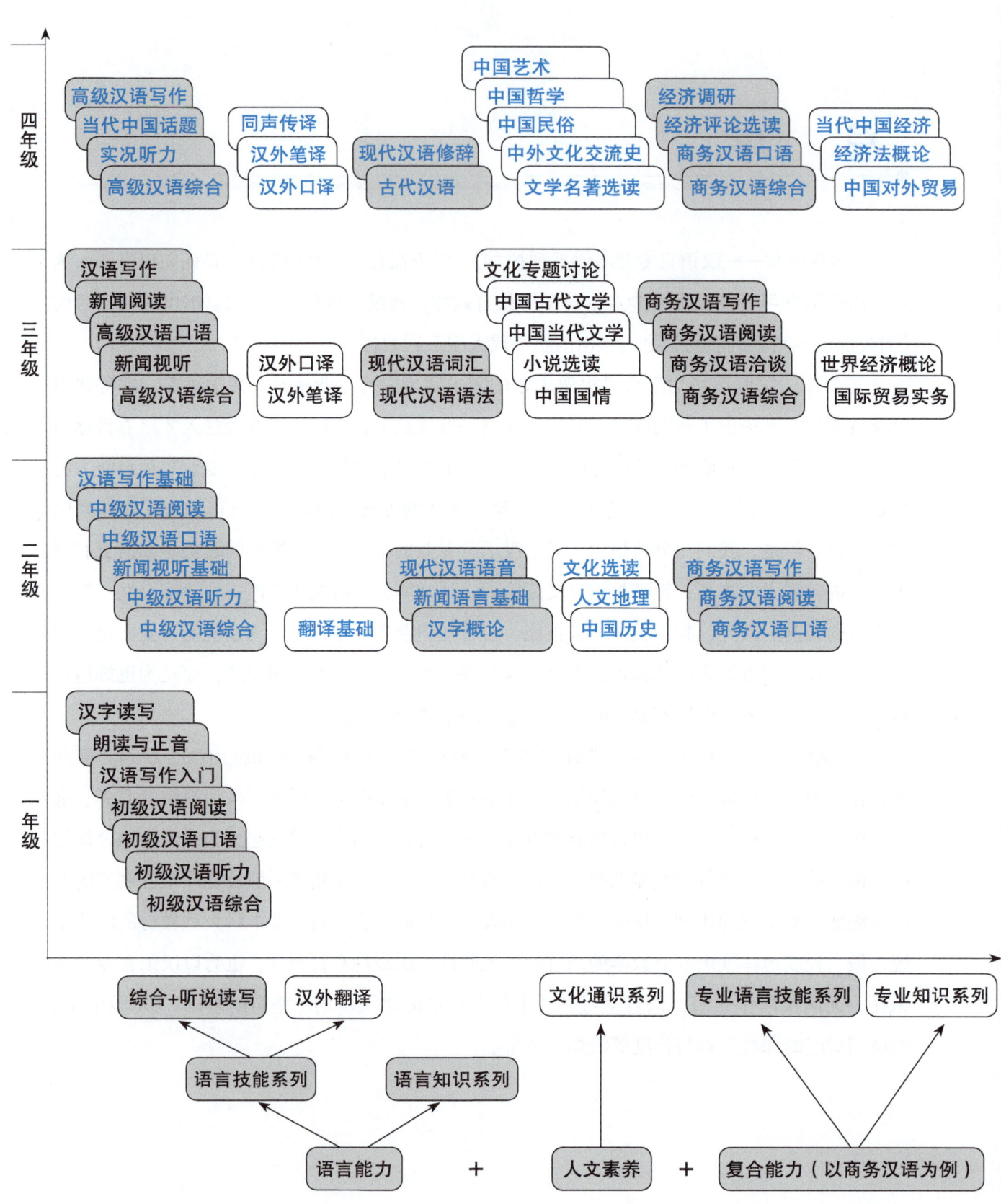

《尔雅中文》系列教材在继承上一代《对外汉语本科系列教材》长处的同时，更加贴近现实社会需要和学习者的需求，也融入了近些年汉语言专业课程建设与教学改革的多方面成果，从而呈现出崭新的面貌，形成了自己的特点。概括起来有以下四点：

一、总体设计更具系统性和前瞻性，最大程度地反映出专业人才培养的新目标

语言技能、语言知识、文化知识、专业语言技能、专业知识五大板块既相互关联，又各自独立。语言技能课程贯穿始终，凸显以养成语言能力为主的专业发展理念；文化知识序列不断丰富，体现出对汉语国际教育本质的全面认识，自觉地将提升人文素质、培养全面发展的人作为汉语言专业本科教育的最终目标。专业技能和知识课程在中高级阶段逐步增加，循序渐进，实现由初级的"语言技能+语言知识"基础能力向中高级的"语言+专业"综合能力的自然过渡。同时，各专业方向的教材都具有自身特色，自成体系，体现了统一中的多样性，也体现了专业人才培养模式向厚基础、宽口径、复合型的转变。

二、语言技能序列的设计更具延展性，结构更加合理

作为面向汉语作为第二语言学习者的汉语言专业本科系列教材，由汉语综合技能与以"听、说、读、写"分立形成的各分技能训练无疑是其主干部分。这套教材的设计与编写，不仅填补了中高级阶段"听、说、读、写"分技能教材的诸多空白，而且增强"译"这一重要的技能，形成了"听、说、读、写、译"各自独立并相互关联的完整的分技能序列。与此同时，初、中、高各教学阶段逐层递进，且横向延伸，使得语言技能教材序列更加协调和完整。由于汉语综合课以及听、说、读、写、译各技能课都自成体系，具备面向初、中、高三个阶段、四个年级的多层级和覆盖面广的特点，因此，教材的使用范围、对象就不限于本科学历教育，而是对各种层次和需求的中文学习者都具有不同程度的适用性，可以各取所需。

三、强化以学习者为中心的教材编写意识，跨文化视角更加突出

编写者大都为多年从事汉语作为第二语言教学工作的资深教师，基本上都具有海外汉语教学的经历，对不同课型的教学原则和实践策略有着较为深入的了解和体会，对大量的同类汉语教材的编写理念以及教学法、跨文化交际理论等做过前期研究。从教师规划学习内容、层级、知识点，到编排教材中的练习及设计课堂活动，尽量从学生学习的视角和跨文化的视角去安排、镕裁，换言之，更加重视教材编排跟教学过程、习得过程与效果的关联程度，使语言及文化、商务的教材内容丰富而生动，以提高学生主动学习的兴趣以及课堂活动的参与度。

四、通过调查统计、大纲设计和试用试验等环节，使教材编写有章可循，科学实用

新一代汉语言专业本科系列教材的编写工作启动于2007年，首先对原有教材、国内外市场同类教材的使用情况进行调研。编写者均为相应课型的任课教师，且大多参与过上一代教材的编写工作，对任务轻重和努力方向都有较深的体会。同时，组织资深的教学研究专家以及语言、文化、商务、翻译等领域专家，与教材编写小组共同研讨，确立各部教材的基调，审阅推敲文稿，斟酌取舍。教材编写过程较长，各位作者付出了大量心血，已编成的教材提交出版前大多试用过几个学期，对象涉及来自世界上80多个

国家和地区的上千名留学生，每学期试用后，教师都会汇总情况，分析研究，做出适当的修订、更新。

大纲是教材编写的重要前提，并贯彻于整个编写过程。教材与大纲处于动态关系之中，大纲统摄教材，但并非一成不变，教材编写促使大纲趋于完善。本系列教材主要参照《高等学校外国留学生汉语言专业教学大纲》（2002）和《新汉语水平考试大纲（1—6级）》（2009、2010），同时参酌各类语言大纲、框架、标准、词表、调查报告等研究成果，其中的各个序列、各部教材都按照自身性质与类型，研制了便于操作的词汇、语法、功能及话题大纲，既自成一体，又相互照应。对此，各部教材都有自己的编写前言，会做更详细的说明。大纲编订与教材编写相辅相成，教材一面世，大纲也随即推出，如商务汉语方向的教材编写者同时研制出版了《经贸汉语本科教学词汇大纲》（2012），文化大纲的编订也与教材编写协调配合，这些使得教材编写的科学性和内在系统性得以保障。

根据不同的课程性质和专业方向，《尔雅中文》系列教材划分为四大序列：汉语言技能与知识；汉外翻译；文化通识；商务汉语。翻译往往被视为一种语言技能，原本可归入语言技能与知识序列，但鉴于翻译能力是一种复合能力，翻译类课程及教材在一至四年级自成一统，翻译综合课、口译课、笔译课等体系完备，且涉及多个国别，所以这里单列出来。

北京语言大学面向留学生开办汉语言专业的本科学历教育，始于上世纪70年代末，其成长过程历史地见证了中国改革开放以来汉语国际教育的发展。历经几代人的辛勤努力，2008年9月，汉语言专业被批准为国家级高等学校特色专业，2010年7月，汉语言专业教学团队被评为国家级教学团队。这套教材的大部分编著者均出自这一专业团队。汉语言专业的每一步改革与创新，都离不开北语几代对外汉语教育工作者的关心与鼓励，离不开学校领导及海内外专家的大力支持。这里要特别感谢北京语言大学副校长戚德祥、北京语言大学出版社董事长兼总编辑张健和各位责任编辑，这套教材历经数年终于得以问世，跟他们的严谨态度、耐心督促和细致工作密不可分，而教材得以入选新闻出版总署"十二五"国家重点出版物出版规划项目，正是教材编写规划团队与编辑出版团队精诚合作的结果。

系列教材取名"尔雅"，众所周知，《尔雅》是中国古代汇集分类专门词语以供人学习的经典，这里取其字面义，"尔"通"迩"，"尔雅"指趋于雅正、得体。语言学习不可能一蹴而就，是一个不断接近目标语和目标文化的累积过程，或许正因如此，英人威妥玛（Thomas Francis Wade）将其所编的汉语口语和书面语教材命名为《语言自迩集》和《文件自迩集》。我们编写新一代汉语言专业本科系列教材，同样是希望学生通过系统的学习，逐渐接近目标语言与文化，获得较强的跨文化交流能力，最终不仅要达到较高的汉语水平，而且要更加深入地了解中国社会政治经济和历史文化。

是为总序。

《尔雅中文》编写委员会

编写说明

中国文学是留学生了解中国的特殊途径，尤其是当代文学，它折射出一个国家的历史发展轨迹、思想形态和社会生活，更反映出一个国家当下发展的状况、所面临的问题及所进行的思考。因此，在留学生汉语学习中，当代文学有着不可替代的重要作用。正是基于这样的认识，我们认真设计和编写了本教材。

以下是对教材适用对象、教学目标、编写思路、编选原则及使用建议的具体说明。

适用对象

本教材可作为来华留学生教育中相关课程的配套教材在课堂教学中使用；同时，也适用于海内外各类高级阶段汉语学习者，帮助他们了解中国当代文学的发展，走进中国文学的世界。

教学目标

本教材设定了复合型教学目标，重点目标是通过赏析代表性作家作品，感受汉语文学之美，了解中国社会历史发展的最新动态，以及当下中国人的生活和精神世界；辅助性目标是通过对课文及作家作品原文的阅读、分析，提高学生的汉语水平，特别是提升学生对专业性材料的阅读能力和汉语思辨力。这对高级阶段的汉语学习者来说，是非常重要和必要的。

编写思路

本教材将文学史讲授与作家作品赏析相结合，第一讲从总体上概述中国当代文学的历史发展进程及主要特点；第二讲至第十一讲分小说、散文、诗歌、戏剧四种文体，选取经典作家作品进行介绍和赏析；第十二讲将时间拉近到21世纪的今天，对最新的文学发展态势和作家作品进行概括。除了课文，本教材还设计了生词注释、自读提示、文化注释、课堂讨论、课后练习、小结、课外阅读指导等板块，辅助和配合广大读者更好地学习和使用本教材。

编选原则

本教材在编选上注重经典性与趣味性相结合。"经典性"是指在众多的当代作家作品中选取最具代表性和影响力的进行赏析，"趣味性"是指从留学生和外国人的视角，选取能够为他们所理解、容易引起他们共鸣、具有跨时代和跨文化魅力的作品进行讲授，力求在文化互动中增强外国学生对中国文学、文化的兴趣。

使用建议

本教材适合一学期教学使用。既可每周两课时完成一讲，一学期全部讲完，也可根据学生水平由教师灵活选取其中的部分作家作品进行重点讲析，剩余的由学生自读。不管具体怎样使用，都建议教师在课堂上安排师生互动环节，如学生做专题发言、观看相关影视剧作品并讨论等。

教材中涉及的作品，教师可建议学生到图书馆借阅或到相关网站查阅。

李春雨

2015年6月

目 录

第一讲　**当代文学的发展历程和主要特点**　/ 1
　　第一节　当代文学的发展历程　/ 2
　　第二节　当代文学的主要特点　/ 8

第二讲　**茹志鹃的短篇小说**　/ 13
　　第一节　茹志鹃创作概述　/ 14
　　第二节　《百合花》/ 16

第三讲　**汪曾祺的"诗化小说"**　/ 23
　　第一节　汪曾祺创作概述　/ 24
　　第二节　《受戒》/ 26

第四讲　**莫言的"红高粱家族"**　/ 31
　　第一节　莫言创作概述　/ 32
　　第二节　《红高粱家族》/ 36

第五讲　**余华的"苦难叙事"**　/ 43
　　第一节　余华创作概述　/ 44
　　第二节　《许三观卖血记》/ 47

第六讲　**王安忆的"上海故事"**　/ 53
　　第一节　王安忆创作概述　/ 54
　　第二节　《长恨歌》/ 57

第七讲　孙犁的散文 / 63
　　第一节　孙犁创作概述 / 64
　　第二节　《亡人逸事》/ 67

第八讲　贾平凹的散文 / 73
　　第一节　贾平凹创作概述 / 74
　　第二节　《一棵小桃树》/ 76

第九讲　余秋雨的散文 / 83
　　第一节　余秋雨创作概述 / 84
　　第二节　《白发苏州》/ 87

第十讲　"朦胧诗"的崛起 / 93
　　第一节　"朦胧诗"概述 / 94
　　第二节　北岛的诗 / 98
　　第三节　顾城的诗 / 101
　　第四节　海子的诗 / 105

第十一讲　老舍的"京味"话剧 / 111
　　第一节　老舍话剧创作概述 / 112
　　第二节　《茶馆》/ 114

第十二讲　新世纪以来的文学态势 / 121
　　第一节　"青春写作" / 122
　　第二节　网络文学 / 124
　　第三节　走向世界的中国文学 / 126

附　　录　练习参考答案 / 132
后　　记 / 136

第一讲

当代文学的发展历程和主要特点

一　学习目标

1. 了解当代文学的发展历程

2. 了解当代中国不同时期的代表性作家作品

3. 分析当代文学的主要特点

二　关键词

当代文学；发展历程；作家；作品

三　预习思考

1. 你知道哪些中国当代作家和作品？

2. 当代文学体现出哪些主要特点？

第一节 当代文学的发展历程

本节简要介绍当代文学发展的几个历史阶段以及每一阶段的文学发展状况。

"中国当代文学"是相对于"中国现代文学"提出的，是指1949年中华人民共和国成立至今的中国文学。中国当代文学的发展历程大体分为以下四个阶段：新中国初期"十七年"文学（1949—1966）、"文革"时期的文学（1966—1976）、新时期的文学（1976—1990）、世纪之交的文学（1990至今）。

"中国当代文学"是指哪一特定时间段的文学？

一、新中国初期"十七年"文学

新中国初期"十七年"文学，是指1949年新中国成立至1966年"文革"发生之前这十七年间的文学。1949年，中国社会结束了长期以来的动荡，走向了统一。社会的根本变化也带来了文学的巨大转折。"十七年"文学在坚持"五四"文学传统的同时，更强调了文学的社会政治功能。"十七年"文学的主要内容有两类：一是回顾中国共产党的斗争历史；二是展现新中国成立后，中国人民由衷的幸福感和对新生活的美好向往。

动荡 dòngdàng
比喻局势、情况不稳定；不平静。

回顾中国共产党领导的革命历程的作品，如杜鹏程的《保卫延安》、曲波的《林海雪原》、罗广斌和杨益言的《红岩》、吴强的《红日》、杨沫的《青春之歌》、梁斌的《红旗谱》等长篇小说，以及王愿坚的《七根火柴》、峻青的《黎明的河边》、茹志鹃的《百合花》等短篇小说，后来被学者称之为"红色经典"。

"十七年"文学中的"红色经典"包括哪些？

表现中国人民的生活热情和新中国美好生活的作品，主要有赵树理的《三里湾》、周立波的《山乡巨变》、柳青的《创业史》、李准的《李双双小传》和浩然的《艳阳天》等小说，还有郭小川的《白雪的赞歌》、李季的《生活之歌》、闻捷的《天山牧歌》以及贺敬之的《雷锋之歌》、郭小川的《致青年公民》等诗歌。

此外，这一时期的戏剧创作也有较大的收获，既有郭沫若的《蔡文姬》、田汉的《关汉卿》、老舍的《茶馆》等历史剧，也有老舍的《龙须沟》、曹禺的《明朗的天》、胡万春的《激流勇进》等现实题材的剧作。

"十七年"文学在取得较大成就的同时，也表现出明显的局限，主要是文学与政治的关系过于密切，文学题材比较狭窄，艺术形式单一，艺术形象单薄，创作模式化倾向较为严重。

二、"文革"时期的文学

"文革"时期的文学，是指1966年无产阶级文化大革命爆发至1976年"文革"结束这十年间的文学。文化大革命是对整个中国社会发展的大破坏，也是对文学发展的大破坏。这个时期，很多作家遭到批判，很多作品遭到封杀，文学发展处于基本停滞的状态。"文革"期间也有一些作品，但都被赋予了特定的政治色彩和时代意义。

"文革"期间，受到主流意识形态认可、符合文化革命需求的长篇小说主要是浩然的《金光大道》，集中体现了所谓的"三突出"的创作原则。此外，"革命样板戏"是"文革"时期最突出的文学样式。所谓"样板戏"，就是根据"文革"的政治需要，或改编或创作的具有"样板"作用的作品。"文革"期间的八个"革命样板戏"，作为一种特定时代的产物，被深深地烙在了中国的历史上，并产生了深远的影响。中国今天的艺术舞台上，依然可以见到它们的身影。八个革命样板戏中，著名的剧目有《红灯记》《沙家浜》《智取威虎山》《白毛女》《红色娘子军》等。

在"文革"文学中，另一种是在秘密或半秘密的状态下创作的作品，大多以"手抄本"的形式在特定的圈子内传播，也被称作"地下文学"，主要是"地下诗歌"和"手抄本小说"。"地下诗歌"的创作者，除了在50年代受到迫害的老一辈作家，如公刘、流沙河、绿原、曾卓等，主要还有"文革"期间"上山下乡"的知识青年，他们的创作大多表达对现实的不满、失望，对未来的梦想和对自身精神价值、情感世界的探索。如食指的"地下诗歌"《相信未来》，从当时一直流传至今，鼓舞着一代又一代的青年人。当年写作"地下诗歌"的知青们，后来很多成为了80年

十七年文学的局限性体现在哪里？

局限　júxiàn
限制在某个范围内。

模式化　móshìhuà
形容事物形成了固定的形式或规范，有统一的标准，因此变得死板而缺少生机。

封杀　fēngshā
用封禁或封锁的办法，使人或事物在某一领域不能存在。

停滞　tíngzhì
因为受到阻碍，不能顺利地运动或发展。

赋予　fùyǔ
交给（重大任务、使命等）。

什么是"地下文学"？

代"朦胧诗"的中坚力量，如舒婷、北岛、顾城等。除诗歌以外，当时的"地下文学"流传广泛的还有"手抄本小说"，其中比较著名的是《第二次握手》《公开的情书》《晚霞消失的时候》等作品。"文革"中的"地下文学"，在思想和艺术上都超越了那些公开发表的"样板"式的作品，体现了作者对于社会人生的个性化思考，在当时的政治环境中，显示出独特的魅力。

三、新时期的文学

新时期文学指的是自1976年"文革"结束到90年代初确立发展市场经济之前约十年间的文学。1976年，历经十年之久的"文化大革命"结束，曾经遭到严重破坏的文艺园地开始走向复苏和繁荣。新时期文学的发生，是继"五四"以后，20世纪中国文学又一次重大的转折。新时期作家队伍空前壮大，文学创作十分繁荣，题材丰富，形式多样。无论是小说、诗歌，还是散文、戏剧，都出现了大量富有艺术价值的作品。这一时期的文学作品依然以现实主义为主流，探索创作方法，反映现实生活，有的吸收了西方现代主义的经验和技巧，开掘人的精神世界，表现人性的复杂性。象征主义、意识流、魔幻现实主义、荒诞派等国外近一百年的文学思潮特征，在新时期的作品中都有一定程度的体现。

70年代末到80年代初中期，文学的中心主题是对"文革"造成的灾难的批判与反思，同时对文艺新观念进行积极的探索。"伤痕文学""反思文学""改革文学""寻根文学"等陆续登场，其成就主要集中在小说创作上。

1977年11月，刘心武发表的《班主任》开"伤痕文学"的先河，揭露了"文革"对人性，特别是青少年的伤害。接着，1978年8月卢新华发表的《伤痕》正式揭开了"伤痕文学"的序幕。"伤痕文学"否定"文革"，是中国社会思想解放的先声。

"反思文学"紧跟"伤痕文学"的脚步，是对"伤痕文学"的进一步深化。"反思文学"的创作者试图站在一定的历史高度来思考"文革"十年的教训，更多地思考"伤痕"产生的原因，以求对历史有更深刻的认识。这些作品在深化主题、开拓题材、挖

中坚 zhōngjiān
在集体中最有力的并起较大作用的成分。

新时期文学有哪些主要特征？

开掘 kāijué
挖；文艺上指对题材、人物思想、现实生活等深入探索并充分表达出来。

掘人性等方面有突出的成就。高晓声的《李顺大造屋》、茹志鹃的《剪辑错了的故事》、陆文夫的《美食家》、王蒙的《蝴蝶》等，都是"反思文学"的代表作。

"改革文学"顺应80年代中国经济体制改革的背景而来。其先导是1979年蒋子龙发表的《乔厂长上任记》，这部作品展示的是新时期改革者的风貌。此后，反映中国改革者的作品层出不穷，著名的有张洁的《沉重的翅膀》、张贤亮的《龙种》、陆文夫的《围墙》、贾平凹的《鸡窝洼的人家》等。

80年代中后期，特别是1985年以后，新时期文学，尤其是小说创作出现了新的变化，即"文化小说"的兴起和"现代派"小说的出现。这两类小说不再纠结于"文革"，而是多角度、全方位地反映社会生活，在艺术审美、创作方法上也开始了新的追求和尝试。"文化小说"在寻根思潮的推动下，偏重于反映相关的风土人情和地域文化，展现出了浓郁的民族特色和深层的民族精神，有的作品还带有一些魔幻现实主义色彩。这类小说的代表作有汪曾祺的《受戒》、阿城的《棋王》、王安忆的《小鲍庄》、韩少功的《爸爸爸》、莫言的《红高粱》等。"现代派"小说深受西方现代派的影响，如刘索拉的《你别无选择》、王蒙的《活动变人形》、徐星的《无主题变奏》等，采用荒诞、变形的写作手法，表现了人们在社会改革过程中隐藏在心灵深处的变化，揭示了人们因受到冲击而产生的精神与现实的错位和心理扭曲，这些大胆的尝试为推动文学的新发展做出了贡献。

新时期诗歌创作在思想解放的浪潮中大放异彩。老一辈诗人，如艾青等，经历过"文革"的沉寂之后，在80年代的创作中，努力恢复和发展现实主义传统，直面人生，沉思历史，揭示真实的社会现实。1980年，艾青发表了他"归来"后的第一本诗集《归来》，被读者看作是诗歌复苏的标志。另一部分年轻的诗人，在西方现代主义思潮和东方古典美学的双重影响下，创作出了一些很有特色的诗歌，"朦胧诗"是其重要代表。朦胧诗人很多都是"文革"时期"地下诗歌"的作者，如舒婷、北岛、顾城等，他们将西方现代主义的意象、变形、蒙太奇等元素运用到诗歌创作中。"朦胧诗"

荒诞　huāngdàn
极不真实；极不近情理。

大放异彩　dàfàng-yìcǎi
闪耀着无比灿烂的光辉，散发出奇异的光彩或色彩；比喻有着优异的表现或是突出的成就。

"朦胧诗"有哪些代表性诗人？

中国当代文学

之所以称之为"朦胧",是因为读者很难判断这些诗作的确定意义,但它们又具有十足的美感。主要作品有舒婷的《鸢尾花》、北岛的《一切》《回答》等。更年轻的海子也是新时期著名的诗人之一。他有着传奇的人生经历,像谜一般吸引着读者,其代表作有《面朝大海,春暖花开》《麦地》《春天,十个海子》等。

新时期散文挣脱了五六十年代的那种歌颂性的、固定式的文体模式,回归到了个人生活和情感体验上。首先是一批老作家的创作,如巴金、孙犁、杨绛、汪曾祺、萧乾等,他们从悼念性散文开始,大多抒写个人感受。"文革"的苦难记忆是很多作家都涉及的内容,如巴金的《随想录》、杨绛的《干校六记》等,具有很强的艺术震撼力。

歌颂 gēsòng
用诗歌颂扬,泛指用言语文字等赞美。

新时期话剧的成就主要体现在现实主义内容与新的表现形式之间的相互交融方面。此前,老舍创作于50年代的《茶馆》是中国当代话剧的经典之作,成为"京味"现实主义话剧艺术的丰碑。新时期较早出现的话剧是宗福先等人的《于无声处》,内容上是批判"文革"罪行的,艺术上继承了话剧的现实主义传统。而"探索话剧"的出现,则显示了当代话剧对新的表现形式的探索,其最重要的特色是深入挖掘人性,展示人物的内心世界。在形式上,探索话剧不拘泥于传统的表现方法,在剧场设计、灯光舞美上争取最大的创作自由,具有强大的感官冲击力,使观众耳目一新。这类话剧的代表作家是高行健,他的《绝对信号》《野人》等都是具有开创意义的作品。

丰碑 fēngbēi
高大的石碑,比喻不朽的杰作或伟大的功绩。

拘泥 jūnì
固执;不知变通;拘束。

耳目一新 ěrmù-yìxīn
听到的、看到的都换了样子,感到很新鲜。

新时期文学取得了哪些成就?

新时期文学在中国当代文学史上占有举足轻重的地位,但也有一些局限和不足。由于新时期处于中国社会改革初期的热潮中,很多作家富有创作激情,却未能深入理解现代生活,未能真正走入现代人的内心世界;由于过分追求写作形式、技巧的丰富性,往往忽略了本民族固有的、优秀的文学传统;还有的作家为了追求新奇而过度重视文学的自我表现,忽略了文学的社会功能与作家自身的社会责任。

新时期文学有哪些局限?

四、世纪之交的文学

20世纪90年代至今,随着市场经济的全面展开,网络新媒体、移动新媒体等媒体形式的日益繁荣，文学也出现了很多新的特征：文学刊物、出版业运作模式发生了改变，有稳定收入的"专业作家"少了，而利用新媒体发表作品的作者逐渐多了起来。近几年来，电子阅读器的持续热销，也使读者的阅读方式发生着深刻的变革。这一时期的文学从内容到形式包罗万象，不拘一格，人们对文学的理解和需求越来越多样化。

包罗万象 bāoluó-wànxiàng
内容丰富，应有尽有。
不拘一格 bùjū-yìgé
不局限于一种规格或方式。

90 年代以来，一个重要的文学现象是"长篇小说热"，出现了大量优秀的长篇小说作品，如贾平凹的《废都》《秦腔》、余华的《活着》《兄弟》、莫言的《丰乳肥臀》《蛙》、陈忠实的《白鹿原》、王安忆的《长恨歌》、苏童的《妻妾成群》、迟子建的《额尔古纳河右岸》、二月河的《雍正王朝》及凌力的《少年天子》等，都受到读者的喜爱和关注。小说创作的繁荣，特别是长篇小说的流行，显示了中国当代文学的纵深发展和进一步成熟。2012 年，莫言获得诺贝尔文学奖，又从另一个侧面表明中国当代文学正越来越多地受到世界的瞩目。

瞩目 zhǔmù
注目。

这一时期的散文创作也出现了明显的热潮，余秋雨的《文化苦旅》、王安忆的《漂泊的语言》、史铁生的《我与地坛》，以及汪曾祺的《蒲桥集》等，都很受读者关注。另外，很多台湾作家的散文也受到读者的喜爱，如林清玄、刘墉、李敖、龙应台等人的作品。

90 年代以来的诗歌，依然侧重对新锐性与探索性的追求。代表诗人有西川、王家新、欧阳江河等，西川的《虚构的家谱》《远景与近景》、王家新的《帕斯捷尔纳克》等都是很有深度和创意的作品。

90 年代以来的戏剧，除了以北京人民艺术剧院林兆华、李六乙、张广天等人为代表的"京味"戏剧创作以外，一些具有先锋性的戏剧也很活跃，如孟京辉的《恋爱的犀牛》《初恋》等，在戏剧市场上也占有一席之地。

90 年代中后期，当代文坛掀起了一场"女性文学"热潮，最引人关注的是"个人化写作"，或称为"私人写作"。她们大多从

什么是"私人写作"？

中国当代文学

女性视角出发，以第一人称来书写女性在成长过程中的性别体验、身体欲望和隐秘的心理体验等。代表作有陈染的《私人生活》、林白的《一个人的战争》等，这些作品在拓展叙事方式上具有独特的意义。

新世纪以来，还有两个现象值得注意。一是"80后"作家的出现，韩寒、郭敬明、蒋方舟等一些出生于80年代的作家此时初露锋芒，韩寒的《三重门》、郭敬明的《梦里花落知多少》等作品，戏谑中不乏深度，冷漠中充满热情，在看似消极颓废的叙事背后，表达的是对社会、人生的热爱，受到很多年轻读者的喜爱；二是"网络文学"的升温，穿越、玄幻、言情类的网络小说不断受到关注，很多网络小说作家逐渐形成自己独特的写作风格，网络文学逐渐培育了自己特定的读者群。但目前来看，网络小说的问题在于质量参差不齐，发展还不平衡、不成熟。

初露锋芒　chūlù-fēngmáng
比喻刚显露出某种力量或才能。

戏谑　xìxuè
用有趣的引人发笑的话开玩笑。

颓废　tuífèi
意志消沉，精神萎靡。

参差不齐　cēncī bù qí
形容很不整齐或水平不一。参差：长短、高低、大小不一致。

第二节　当代文学的主要特点

本节主要分析当代文学在发展过程中体现出的几个突出特点。

中国当代文学，一方面继承了"五四"新文学的精髓和传统，另一方面又不断借鉴、吸取了世界文学的营养。同时，以民族化、大众化为己任，力图走向更高的文学境界。总体来讲，当代文学形成了以下几个方面的特色：

精髓　jīngsuǐ
比喻事物最重要、最好的部分。

1. 文学与时代紧密联系

中国当代文学的发展始终是与相应的时代背景密切相关的。特别是"十七年"文学和"文革"文学这两个阶段，时代、社会对文学的影响更加明显和突出。这一方面使中国当代文学能够在相当的程度上反映社会现实生活，但另一方面也使文学创作及其独特个性受到了相当的限制和阻碍。

2. 文学格局走向多元

中国当代文学的发展又是从一元走向多元的，尤其在新时期文学和新世纪之交的文学这两个阶段，文学的多元化更充分地显示出来。从"十七年"和"文革"时期单一的工农兵文学思潮，到人道主义思潮、现实主义思潮、现代主义思潮，再到文化的寻根及女性主义思潮，等等，文学逐步脱离了为政治服务的"工具论"的束缚，文学的独立性越来越受到重视，文学观念与文学价值的深刻变化、文学思潮的空前活跃、文学风格流派的竞相出现，标志着中国当代文学的繁荣与发展。

束缚　shùfù
使受到约束限制；使停留在狭窄的范围里。

3. 探索与困惑并存

随着时代与社会的发展，文化的差异和矛盾也日益尖锐。当代文学的冲突由最初文学与政治的密切关系发展到文学自身与商业操作之间的矛盾上来。在市场经济体制下，精英文学与大众文学的冲突日益显现，作家及知识分子的地位走向"边缘化"等，这些都是当代文学发展过程中面对的问题。同时，随着网络的盛行，文学所波及的范围越来越广，而文学的质量也高低不同，如何建构新的文学经典，是当代文学面临的重要问题。

精英　jīngyīng
精华；出类拔萃的人。

当代文学的发展体现出哪些主要特点？

【文化注释】

1. 文革　Wéngé

全称"无产阶级文化大革命"，又称"十年动乱""十年浩劫"等，指1966年到1976年在中国发生的一场严重的内乱，给中华民族带来了深重的灾难。

2. 主流意识形态　zhǔliú yìshi xíngtài

一定时期内，一个社会占主导地位的意识形态叫作这个社会的主流意识形态，包括占统治地位的艺术思想、道德观念、政治法律思想、宗教观点和哲学观点等。

3. 三突出　sān tūchū

指一种高度政治化的创作模式，即"在所有人物中突出正面人物，在正面人物中突出英雄人物，在英雄人物中突出主要英雄人物"。

4. 上山下乡　shàngshān xiàxiāng

指的是二十世纪六、七十年代中国在文化大革命运动期间，毛主席发出"农村是一个广阔的天地，到那里是可以大有作为的""知识青年到农村去，接受贫下中农的再教育，很有必要"的指示，中国政府组织大量城市"知识青年"离开城市，在农村定居和劳动的政治运动。

一、讨论

1. 中国当代文学的发展经历了哪几个主要阶段？

2. 什么是"地下文学"？

3. 什么是"朦胧诗"？

4. 新世纪以来，出现了哪些值得关注的文学现象？

二、练习

1. 填空

（1）"中国当代文学"是指_____年中华人民共和国成立至今的中国文学。

（2）_____是"文革"时期最突出的文学样式。

（3）1977年11月，刘心武发表的小说《_____》揭露了"文革"对青少年的伤害，是"伤痕文学"最早的代表作之一。

（4）老舍创作于20世纪50年代的《_____》是中国当代"京味"话剧的经典之作。

2. 判断对错

（1）过于强调文学的社会政治功能是新中国"十七年"文学的一大局限。（　　）

（2）八个革命样板戏中著名的剧目有《智取威虎山》《白毛女》《红色娘子军》等。（　　）

（3）"朦胧诗"之所以称之为"朦胧"，是因为诗写得不好，读不懂，读者不喜欢。（　　）

（4）巴金的《随想录》、杨绛的《干校六记》等散文，都没有写到他们在"文革"期间的苦难生活和感受。（　　）

（5）韩寒、郭敬明、蒋方舟等都是"80后"作家的代表。（　　）

3. 为下列词语选择正确的解释

第一组：

( ) 荒诞　　　A. 比喻不朽的杰作或伟大的功绩

( ) 精英　　　B. 泛指用言语文字等赞美

( ) 歌颂　　　C. 极不真实；极不近情理

( ) 丰碑　　　D. 出类拔萃的人

第二组：

( ) 包罗万象　A. 形容很不整齐或水平不一

( ) 不拘一格　B. 内容丰富，应有尽有

( ) 参差不齐　C. 不局限于一种规格或方式

( ) 初露锋芒　D. 比喻刚显露出某种力量或才能

三、小结

学完这一课，你有哪些收获？

_____

_____

_____

_____

四、课外阅读指导

　　如果你想更加深入地了解中国当代文学，在学习这门课程的过程中，你也可以多阅读一些中国当代文学史方面的书，如陈思和的《中国当代文学史》和洪子诚的《中国当代文学史》。中国当代文学与现代文学密不可分，如果你想了解中国现当代文学的发展历史和相互关系，可以参考阅读刘勇等主编的《中国现当代文学》。

第二讲

茹志鹃的短篇小说

一　学习目标

1. 了解茹志鹃的创作情况

2. 了解茹志鹃小说的价值与特色

3. 分析"百合花"的象征意义

二　关键词

茹志鹃；《百合花》；"红色经典"

三　预习思考

1. 新中国的"红色经典"是指什么？

2. 小说以"百合花"作为题目好不好？

第一节　茹志鹃创作概述

本节介绍茹志鹃的创作概况、创作特色及文学史价值。

当代女作家茹志鹃以短篇小说《百合花》闻名于世，并以此成为"红色经典"的代表作家之一。所谓"红色经典"，特指新中国成立后创作的反映中国近现代革命斗争生活的典范性作品。"红色经典"既有史诗性的宏大作品，也有精美的短篇佳作。茹志鹃的《百合花》，没有厚重的历史背景，没有枪林弹雨的战争场面，甚至也没有完整的人生遭遇，它只是波澜壮阔的革命斗争中的一朵浪花，却以特有的细腻的描写和真挚的情感，成为一篇经得住时间考验的"红色经典"。在穿越了漫漫的历史长河之后，人们今天读到它，依然为它所感动。

什么是"红色经典"？

与其他"红色经典"相比，茹志鹃的《百合花》有什么独特之处？

波澜壮阔　bōlán-zhuàngkuò
比喻气势雄壮浩大（多用于诗文、群众运动等）。

茹志鹃1925年9月生于上海，很小便失去父母。1943年，19岁的她跟随哥哥一起，加入了共产党领导的革命军队，成为一名女战士。在部队里，茹志鹃当过话剧团的演员，也在文工团从事过创作工作。新中国成立后，她从军队退役，到上海《文艺月报》担任编辑。1960年起，她开始从事专业文学创作。茹志鹃的创作以"文革"为界，分为前后两个阶段："文革"前，她出版了《百合花》《静静的产院》《高高的白杨树》等小说集，用充满细节的小故事表现大的时代和社会生活，文字清新、柔婉、精致；"文革"后，茹志鹃又在新的生活体验的基础上，创作了《剪辑错了的故事》《草原上的小路》《儿女情》《家务事》等短篇小说，改变了以往的创作风格，以一种深沉的思考来反映社会生活中复杂而重大的问题，表现了作者对人生不断的追问和对艺术执着的探讨。其中，《剪辑错了的故事》荣获1979年全国优秀短篇小说奖。

茹志鹃"文革"前后的小说创作有什么变化？

但是，最能体现茹志鹃独特风格的，还是她以《百合花》为代表的五六十年代的作品，这些小说在选材、构思、写人和语言上，都更能显示茹志娟的艺术魅力。

首先，在选材上，茹志鹃的小说是以小见大的典型。她很少

以小见大　yǐxiǎo-jiàndà
从小的可以看出大的，指通过小事可以看出大节，或通过一小部分看出整体。

描写战争中正面战场的严酷斗争，也很少完整地叙述一个人物的成长历程，而是选择一些微不足道的事情。但正是在这些看似很小的事情当中，茹志鹃抓住了战争年代具有本质意义的细节和关系。《百合花》的故事很小，只是一些最底层的人的遭遇，但它揭示的却是革命军队与普通老百姓的血肉关系，用中国人熟悉的话来讲，就是军民鱼水情。1948年，在决定国民党和共产党命运的大决战之一——淮海战役中，共产党60万军队战胜了国民党80万军队，为什么会有这样的结果？这是因为共产党的军队虽然只有60万，但参与支持共产党军队的民工就多达100多万，这些手推小车、肩扛扁担的民工，都是普普通通的中国老百姓。历史生动地说明，共产党领导的革命战争的胜利离不开老百姓的支持，而老百姓肯豁出性命走上战场，也表明了他们对革命战争的理解。革命军队与普通百姓之间的这种密切关系，是许多长篇小说所表现的内容，而茹志鹃仅用6000字左右的一个短篇小说，同样把这种关系描写得极其生动和深刻。《百合花》成为"红色经典"中的精品，首先就得益于茹志鹃在选材方面的独到眼光。

其次是构思。茹志鹃的小说在构思方面往往出其不意，在看似平淡的地方显出神奇。茹志鹃的小说多写生活不引人注意的侧面，在侧面当中又选一个看似更不起眼的点，但这个点却是奇妙生花的。比如《百合花》，没有描写硝烟弥漫的战场，只不过写了一个借被子的故事，但围绕这床被子引发的人物内心活动，是那样丰满，那样充满生活气息，那样具有时代特征。至于被子上的百合花图案，更是具有文学的内涵，具有丰富而独特的象征意义，给人以无限美好的遐想。这里还可以看出茹志鹃对细节的重视。细节是成就一部经典的重要环节，小说的核心就是那床被子，由被子而引出百合花，由百合花象征美好的人情、人性，一切都写得那么自然、顺畅，仿佛不是在写小说，而只是告诉人们一个发生在生活中的小小的却非常感人的故事。

再次是写人。茹志鹃的小说从不写顶天立地的英雄，而是写一些平平常常的普通人，写普通人美好的心灵、高尚的情操，同时写出了人物情感的复杂性，甚至是缺陷和不足。然而，正是这些缺陷和不足往往更能表现出人物的真实和伟大。《百合花》主要

茹志鹃的小说在选材上有什么特点？

豁出　huōchū
表示不惜付出任何代价。

出其不意　chūqíbúyì
趁对方没有料到（就采取行动）。

硝烟弥漫　xiāoyān mímàn
指战场上炮火充满了整个空间。弥漫：充满。

遐想　xiáxiǎng
悠远地思索或想象。

《百合花》在构思上有什么特点？

顶天立地　dǐngtiān-lìdì
形容形象高大，气概雄伟豪迈。

中国当代文学

就描写了小通讯员和新媳妇这两个人物，在那场激烈而残酷的战斗中，这两个人实在是太渺小、太普通了。然而，茹志鹃的小说告诉人们，如果没有像小通讯员和新媳妇这样的千千万万的普通人，那场战争将黯然失色，《百合花》让历史记住了这两个人，让这两个人站在了历史的高处。特别需要指出的是，上世纪五六十年代的小说创作，已经出现了刻意塑造高大完美的英雄人物的倾向，在这种潮流之下，茹志鹃始终把眼光放在普通的小人物身上，是非常难能可贵的。应该说，这本身就是一种崇高的眼光。

最后是语言。一部经典作品，尤其是短篇小说，它的语言魅力是极其重要的。从整个中国现当代文学史来看，冰心、林徽因、萧红、丁玲、张爱玲等，这些杰出的女作家都有自己独特的语言风格。茹志鹃小说的语言也独具特色。她的语言简朴清新、自然纯真，看似普通的话语，却处处让人回味，看似寻常的叙述，其间充满了生活的意蕴。茹志娟小说语言最大的魅力是简洁，简洁中凝聚着她对生活的深刻理解，凝聚着她对艺术的诗化感悟。

渺小 miǎoxiǎo
微小。

黯然失色 ànrán shīsè
形容在其他事物的比较下显得暗淡无光彩。黯然：阴暗的样子。

茹志鹃的小说在写人上有什么特点？

茹志鹃的小说在语言上有什么特点？

意蕴 yìyùn
内在的意义；含义。

第二节 《百合花》

本节重点赏析《百合花》，分析其在构思及人物形象塑造等方面的特色。

短篇小说《百合花》发表于《延河》杂志1958年3月号，是茹志鹃的成名作，也是她革命战争题材的作品中最优秀的代表之一。

《百合花》发表后，虽然得到了茅盾、冰心等老作家的热情肯定和赞扬，但同时也引来了不少批评，甚至在上世纪50年代末60年代初，围绕《百合花》，中国文学界还开展了一场关于文学创作风格与题材方面的讨论。文学大家茅盾认为，《百合花》在结构安排、人物刻画、细节描写等方面的探索，都具有突破性意义，是"最近读过的几十个短篇中间最使我满意，也最使我感动的一

《百合花》发表后，为什么会引发论争？

篇"①。但也有不少评论者认为,《百合花》没有像当时大部分小说那样,选取重大题材,描写重大斗争,刻画英雄人物,是远离时代的。这场论争给初登文坛的茹志鹃带来不小的压力,使她在相当长的一段时间里心情焦虑,创作几近荒芜,直到"文革"结束后的 70 年代末,才重新开始写作。

《百合花》以 1946 年的人民解放战争为背景,深情地描写了前沿包扎所里围绕"借被子"事件而展开的一段动人故事,着力刻画了小通讯员、新媳妇这两个普通人形象,赞美了革命队伍中人与人之间的美好情感,同时也表达了"战争对人的改变"这一深刻的主题。

茹志鹃常常把人物性格和生活场景结合起来,在自然而然的描写中传达出小说的主题。《百合花》对新媳妇的描写,三言两语就抓住了一个年轻的刚刚结婚三天的新娘子的相貌和性格特点,"长得很好看,高高的鼻梁,弯弯的眉,额前一溜蓬松松的留海",当"我"大嫂长大嫂短地跟她说话时,"她听着,脸扭向里面,尽咬着嘴唇笑",漂亮而又有几分羞涩。小说着重描写了这个新媳妇的两个场景:第一次是"我"开口向她借被子,给她讲共产党的部队打仗是为了老百姓的道理,"她不笑了,一边听着,一边不断向房里瞅着","半晌,她转身进去抱被子了"。第二个是在战地包扎所,前来参加救护工作的新媳妇也跟其他农村妇女一样,"又羞又怕",不敢给伤员擦洗身上的污泥血迹,但当她在伤员中看到小通讯员的尸体时,受到了极大的震撼。本来有些羞涩忸怩的她忍住了眼泪,解开小通讯员的衣服,庄严而虔诚地为他擦拭身体,细细地、密密地缝好他肩上的破洞,用自己的新被子为小通讯员入殓。作家通过刻画新媳妇的这两个场景,反思了战争对人的改变,特别是战争对女人的改变,从而将小说推向了更为深刻的思想境地。

注重细节描写是《百合花》刻画人物的又一个成功之处。无论是新媳妇还是小通讯员的形象,之所以栩栩如生,细节描写尤显风采。在表现小通讯员的忸怩、害羞的性格特点时,小说有这

---

① 茅盾《谈最近的短篇小说》,《人民文学》,1958 年第 6 期。

荒芜 huāngwú
(田地)因无人管理而长满野草。

前沿 qiányán
防御阵地最前面的边沿;比喻科学研究中最新或领先的领域。

包扎所 bāozā suǒ
包扎伤口的地方,包扎:包裹捆扎;所:处所。

羞涩 xiūsè
难为情,态度不自然。

忸怩 niǔní
形容不好意思或不大方的样子。

虔诚 qiánchéng
恭敬而有诚意(多指宗教信仰)。

入殓 rùliàn
将死者放进棺材里。

新媳妇前后发生了哪些变化?

栩栩如生 xǔxǔ rú shēng
形容生动逼真,像活的一样。

中国当代文学

样一段描写，"我"问小通讯员："你还没娶媳妇吧？""他绯红了脸，更加忸怩起来，两只手不停地数摸着腰皮带上的扣眼。半晌他才低下了头，憨憨地笑了一下，摇了摇头。"又如，表现小通讯员单纯、可爱与孩子气的一面时，小说又写道："回到包扎所以后，我就让他回团部去。他精神顿时活泼起来了，向我敬了礼就跑了。"这时，"我看见他背的枪筒里不知在什么时候又多了一支野菊花，跟那些树枝一起，在他耳边抖抖地颤动着"，"他已走远了，但还见他肩上撕挂下来的布片，在风里一飘一飘"。透过这些细节，一个性格鲜明、血肉丰满的小通讯员形象跃然纸上。

构思精巧，虚实结合，是《百合花》艺术魅力的又一个体现。小说以"百合花"为题，显示了作家的独特匠心。首先，百合花是新媳妇被子上的图案，"枣红底，上面撒满白色百合花"，这是实写。但这条被子却不一般，它是小说的重要情节线索——当天下午，小通讯员为战地包扎所借被子而与新媳妇相识，新媳妇不愿意借而令小通讯员尴尬，后来，新媳妇把被子借给了"我"和小通讯员，小通讯员拿过被子，慌慌张张间衣服又给门钩勾破了；晚上，炮声响起，在包扎所帮忙的新媳妇却在伤员中看到了已经死亡的小通讯员，"他安详地合着眼，军装的肩头上，露着那个大洞"，新媳妇一针一针地缝好了那个破洞后，把自己唯一的嫁妆——那条洒满白色百合花的被子一半平平展展地铺在棺材底，一半盖在了小通讯员的身体上。正是这条被子，成为联系小通讯员与新媳妇情感的纽带，使小说的故事内容得以逐层展开。其次，百合花又有着明显的象征意义。百合花象征着纯洁、美好的感情，这恰恰有如小通讯员的心灵，以及小通讯员与新媳妇之间的美好情感。小通讯员十九岁，来自天目山乡村，当兵刚刚一年，他单纯、憨厚，羞涩而又忸怩，但在战场上却能为救担架员而挺身扑倒在敌人的手榴弹上，牺牲了自己年轻的生命。他的死是勇敢而庄严的，他的内心是纯洁而善良的，正如白色的百合花一样。百合花不仅是小通讯员和新媳妇纯美情感的映衬，而且是革命军队与人民群众鱼水深情的一种美好象征。

与同时期的其他战争题材小说相比，《百合花》显得与众不同。

血肉丰满 xuèròu fēngmǎn
形容文学作品中人物形象描写得很有生命力，非常生动。

跃然纸上 yuèrán-zhǐshàng
形容描写或刻画得十分生动逼真。

匠心 jiàngxīn
巧妙的构思，多指文学艺术中创造性的构思。

小说以"百合花"作为题目好不好？

"百合花"有什么象征意义？

憨厚 hānhòu
朴实厚道。

它没有直接对战争、战场进行正面描写，而只是将战争作为故事展开的背景，描写的重点是战争中的人情美、人性美，是战争年代特殊环境下人与人之间的温情。在《百合花》中，我们听到的隆隆炮声似乎很远，看到的也只是天空中划过的几枚信号弹，舞台的前景是包扎所里的"我"和"新媳妇"的所见、所闻、所感，以及"我"透过伤员间接了解到的前线战斗的激烈与残酷。这种从一个侧面入手展示人物内心世界、以小见大的写法，正是茹志鹃小说创作在选材立意上的重要特点。

在《百合花》中，茹志娟作为一个女性作家特有的细腻和诗意随处可见，如小说开篇第一句"一九四六年的中秋"便交代了一个特殊的情境。中秋节，皓月当空，在这样一个诗情画意的月圆之夜，本应是家人团聚、共享天伦的美好时刻，但在这里，即将开始的却是一场战斗、一次总攻、一次人们要面对的生死离别！这种中秋气氛烘托了战争的残酷，小说一开头便把读者带进了一个丰富而复杂的情景之中，痛恨战争，企盼和平自然成为小说的基调。

> 作为一部战争题材小说，《百合花》有哪些与众不同之处？

天伦 tiānlún
指父子、兄弟等关系。

烘托 hōngtuō
写作时先从侧面描写，然后再引出主题，使要表现的事物鲜明突出。

【文化注释】

1. 淮海战役　Huái-Hǎi Zhànyì

1948年11月6日开始，至1949年1月10日结束，是解放战争时期中国人民解放军对国民党军队进行的一个重要的进攻性战役。

2. 人民解放战争　Rénmín Jiěfàng Zhànzhēng

1945年8月至1949年9月，中国人民解放军在中国共产党的领导和广大人民群众的支援下，为推翻国民党统治、解放全中国而进行的战争。

一、讨论

1. 《百合花》中的故事发生在什么时候？那是一个什么样的年代？

2. 新媳妇在看到小通讯员尸体后发生了什么变化？小说为什么要写新媳妇前后的变化？

3. 小通讯员是一个什么样的人物？

4. 什么是"以小见大"？

二、练习

1. 填空

(1) 茹志鹃"文革"前出版的影响较大的短篇小说集主要有《百合花》《_____》和《_____》等。

(2) 小说《百合花》发表于_____年。

(3) 小说《百合花》着力描写了两个主要人物，他们是_____和_____。

(4) 小说《百合花》以1946年的_____战争为背景，描写了前沿包扎所里围绕"借被子"事件而展开的一段动人故事。

2. 判断对错

(1) 茹志鹃是新中国成立不久崭露头角的、独具风格的女作家，她尤其擅长短篇小说创作。（ ）

(2) 茹志鹃的小说最擅长描写顶天立地、高大完美的英雄形象。（ ）

(3) 茹志鹃的小说在选材上的最大特点是以小见大。（ ）

(4) 茹志鹃小说在语言上的特点是简洁、自然，充满了生活的韵味。（ ）

(5) "他已走远了，但还见他肩上撕挂下来的布片，在风里一飘一飘。"这句对小通讯员的描写是细节描写。（ ）

3. 为下列词语选择正确的解释

第一组：

（ ）憨厚　　　　　　A. 微小

（ ）虔诚　　　　　　B. 朴实厚道

（ ）遐想　　　　　　C. 恭敬而有诚意

（ ）渺小　　　　　　D. 悠远地思索或想象

第二组：

（ ）栩栩如生　　　　A. 比喻气势雄壮浩大

（ ）出其不意　　　　B. 形容形象高大，气概雄伟豪迈

（ ）波澜壮阔　　　　C. 形容生动逼真，像活的一样

（ ）顶天立地　　　　D. 趁对方没有料到（就采取行动）。

三、小结

学完这一课，你有哪些收获？

_____

_____

_____

_____

四、课外阅读指导

1. 如果你喜欢茹志鹃的小说，还可以阅读她的小说集《百合花》中的其他作品，这将帮助你加深对茹志鹃小说风格的理解。

2. 在众多的"红色经典"中，杨沫的《青春之歌》描写了一个叫林道静的知识女性的曲折人生，表现了她的成长经历。这部长篇小说在 1958 年出版后，仅半年的时间就售出 130 万册，后来还被拍成同名电影，影响了几代中国青年，建议你阅读，也建议你看看这部电影。

第三讲

汪曾祺的"诗化小说"

一　学习目标

1. 了解汪曾祺的创作情况

2. 体会汪曾祺小说的"诗化"特色

3. 分析《受戒》表现出的民俗风情

二　关键词

诗化小说；汪曾祺；《受戒》

三　预习思考

1. 你喜欢"诗化小说"吗？

2. 《受戒》中的故事发生在中国哪个地区？这个地区有哪些独特的风土人情？

第一节 汪曾祺创作概述

本节介绍汪曾祺的创作概况及创作特色。

20世纪80年代初，作家们逐渐开始追溯中国自身的文化传统，挖掘在民族文化土壤里的民俗风情，进行文化反思，他们的创作成为当时社会上"文化热"的一种表现。其中，汪曾祺的小说因其深厚的文化意蕴和古朴和谐的风格而独具"诗化"魅力。

汪曾祺（1920—1997）生于江苏高邮，从小受到传统文化熏陶，多把日常生活和民情风俗作为小说的题材背景，用诗化的语言书写美与健康的人性，形成了疏朗清淡的美学风格。除《受戒》《大淖记事》等小说之外，汪曾祺还出版了《蒲桥集》等散文作品集，其散文《端午的鸭蛋》被选入中学生语文课本。

1939年，19岁的汪曾祺考入当时的西南联合大学中国文学系。读书期间，他得到沈从文等名师的指点，时常在校内杂志《文聚》上发表小说和诗歌。他阅读广泛，奠定了深厚的中国文化基础。大学毕业后，汪曾祺曾在昆明、上海等地担任中学教师，1946年开始，陆续发表了《复仇》《绿猫》《鸡鸭名家》等短篇小说。1948年，他出版了第一部小说集《邂逅集》。1950年后在北京文联、中国民间文学研究会工作，编辑《北京文艺》和《民间文学》等刊物。1962年后曾担任北京京剧团编剧。文化大革命期间，汪曾祺参与了革命样板戏《沙家浜》的创作与改编。

1980年小说《受戒》问世之后，汪曾祺迎来了又一个创作高潮。其后，他的作品多以自己的家乡——江苏北部（简称"苏北"）水乡的风土人情为背景，笔调质朴又饱含趣味，体现出独特的审美内涵，风格更加成熟。其中《大淖记事》获1981年全国优秀短篇小说奖。他的许多作品被译成英、法、德等多种文字在国外出版。

汪曾祺小说的魅力，首先体现在选材独特、笔触清新。他善于以个性鲜明的地域民俗文化为切入点，描写记忆中的童年，以

追溯　zhuīsù
逆流而上，向江河发源处走，比喻探索事物的由来。

意蕴　yìyùn
内在的意义；含义。

熏陶　xūntáo
由于长期接触的人或事物对人的生活习惯、思想行为、品行学问等逐渐产生某种影响（多指好的）。

疏朗　shūlǎng
稀疏而清晰。

笔触　bǐchù
书画、文章等的笔法和格调。

及故乡的人和事，展现当地的风情景观和百姓的生活方式。故乡的一草一木，都给汪曾祺留下了真切而温馨的记忆，是其小说中不可缺少的元素，它们与作品中的人物共同构成了一个整体而和谐的审美世界。小说《受戒》以和尚明海和村姑小英子情窦初开的恋情为线索，展现了当地秀丽的水乡风光和迷人的风俗民情，歌颂了两个少年之间天真无邪、纯真美好的爱情，构造出一个既平凡又神奇的世界。小说对佛门弟子世俗生活场景的描写，也体现出返璞归真的自然之美，让人们了解到苏北地域文化的独特魅力。

其次是人物塑造的朴实生动。汪曾祺的小说多关注凡人小事，表现那些善良的乡亲们的生活和命运。他的作品并不着力于描写完整的故事，而是注重从文化的视角，抒写人物的灵魂。如《鉴赏家》里的市民叶三、《岁寒三友》里的靳彝甫等人，他们身上闪耀着中国传统文化中的重义轻利、崇尚艺术、仁爱互助等品质。再如《陈泥鳅》描写了普通人在艰难中相互搀扶建立起相濡以沫的情谊，体现出儒家思想中民间道义的力量和对人的关心、尊重。对这些人物的描写，流露出作者对民间生活本真形象的赞颂，也体现了作者对返璞归真的自然人性的赞许。

再次是语言上的精粹与鲜活。汪曾祺小说语言的诗化特征非常突出，文中有诗、诗中有画，且在叙述时多用短句。如《受戒》中的一段描写："芦花才吐新穗。紫灰色的芦穗，发着银光，软软的，滑溜溜的，像一串丝线。有的地方结了蒲棒，通红的，像一枝一枝小蜡烛。青浮萍、紫浮萍……"简洁的文字，轻快而抒情地刻画出苏北乡村诗情画意的风光。在记叙人物和事件时，汪曾祺多用口语，充分体现了日常语言鲜活、自然的特点。同时，汪曾祺还将书面语的雅致融入到民间口语的原始形态中，将这两种语言互相融合，以达到质朴传神的效果。如《钓人的孩子》在描写民间市场时写道："抗日战争时期。昆明大西门外。米市，菜市，肉市。柴驮子，炭驮子。马粪。粗细瓷碗，砂锅铁锅，焖鸡米线，烧饵块。金钱片腿，牛干巴。炒菜的油烟，炸辣子的呛人的气味。红黄蓝白黑，酸甜苦辣咸。"一个个具体的词汇，散发出

温馨 wēnxīn
温和芳香；温暖。

情窦初开 qíngdòu-chūkāi
指刚懂得爱情（多指少女）。

天真无邪 tiānzhēn-wúxié
心地善良纯洁，没有不正当的想法。

返璞归真 fǎnpú-guīzhēn
去掉外在的装饰，恢复原来的质朴状态。

塑造 sùzào
用语言文字或其他艺术手段表现人物形象。

相濡以沫 xiāngrú-yǐmò
泉水干了，鱼靠在一起以唾沫相互润湿。比喻同处困境，相互救助。

精粹 jīngcuì
精练纯粹。

吐穗 tǔsuì
抽穗。稻、麦、高粱等禾本科植物的穗从卷成筒状的叶子里露出来。

汪曾祺小说的独特魅力体现在哪些方面？

浓厚的西南市井生活气息。汪曾祺特别追求小说语言的准确性，强调"找到那个最合适的词儿"来表达出对世界、对个人的观察和感受，如《晚饭花》中写道："晚饭花开得很旺盛，它们使劲地往外开，发疯一样，喊叫着，把自己开在傍晚的空气里。"作者运用了拟人的手法，以强烈的主观情感色彩，表露出一种渴望解放、表现自我的精神状态。在汪曾祺的笔下，小说语言焕发出诗歌一般的风采，在具有形式美的同时，也成为小说内容的一部分，被读者阅读、欣赏、玩味。

拟人　nǐrén
修辞方式，把事物人格化。

玩味　wánwèi
细细地体会其中的意味。

第二节　《受戒》

本节主要介绍《受戒》的基本内容和它的诗化特征。

短篇小说《受戒》发表于1980年第十期《北京文艺》。用汪曾祺的话说，这是"四十三年前的一个梦"。当时作者60岁，小说回忆了自己十几岁时在庵里的生活和见闻，是其"诗化风情小说"的重要代表作之一。

庵　ān
佛寺（多指尼姑住的）。

《受戒》描写了苏北一个叫庵赵庄的地方。按当地的风俗，当和尚只是一种谋生的职业。菩提庵的和尚们，也和常人一样，娶妻生子、赌钱吃荤，率性随意地生活。男主人公明海家的田少，他的三个哥哥完全可以种了，所以在明海当和尚的舅舅回家时，明海的父母就决定让他也去当和尚。明海当小和尚，明海的舅舅仁山是"当家的"，掌管寺庙里里外外的俗务。二师父仁海是有老婆的，夫妻俩在庙里过着逍遥自在的小日子。三师父精明能干，能玩牌，会"飞铙"，还擅长唱山歌小调。这个庙里无所谓清规，连这两个字也没有人提起过。他们吃肉不瞒人，年下也杀猪。当地还时常"会有一个两个大姑娘、小媳妇失踪，——跟和尚跑了"。

荤　hūn
指鸡鸭鱼肉等食物（与"素"相对）。

寺庙　sìmiào
供神佛或历史上有名人物的处所。

逍遥　xiāoyáo
没有什么约束，自由自在。

于是，明海也很自由自在，除了敲几声磬，就是挑水、喂猪，还经常往邻居小英子家跑。

和尚的生活如此，当地百姓的生活也如此。庵赵庄是一个自给自足的农业社会，男耕女织，温饱无忧，人与自然和谐相处。小英子一家四口，尽管性格不同，但都秉承了劳动人民的优秀品格。小英子热情泼辣，心灵手巧，热爱劳动。她和常往她家跑的明海青梅竹马，两小无猜。明海会画花儿，小英子就把它们绣出来。他们共同劳动，一起除草、车水。春去秋来，他们的心里渐渐萌发了爱情的种子。"受戒"本来是和尚接受佛门戒律的仪式，而在小说里，明海受戒的同时，两个小主人公的爱情也走向了成熟。明海在受完戒与小英子划船回家时，两人互表爱情，把船划进了芦苇深处。

《受戒》中处处体现着儒家文化的"仁爱"与道家文化的"天人合一"思想，这也正是汪曾祺小说文化思想的集中体现。《受戒》以诗化的文字，勾勒出优美的自然风光、淳朴的世俗风情，展示了一个普通百姓和谐相处的风俗世界。小说始终有着一种内在的欢乐，呈现出一种整体"和谐"的美感，代表了汪曾祺小说独特的审美追求和艺术风格。

在人物描写上，《受戒》集中表达的是一种希望，一种对自由和健康的现实生活的肯定和向往。明海和小英子之间的纯真爱情，是一曲深藏在民间、洋溢着中华民族传统中健康人性和人情的欢歌。不仅主人公如此，其他人物也如此。赵大伯的两个女儿，"白眼珠鸭蛋青，黑眼珠棋子黑，定神时如清水，闪动时像星星。浑身上下，头是头，脚是脚。头发滑溜溜的，衣服格挣挣的——这里的风俗，十五六岁的姑娘就都梳上头了。这两个丫头，这一头的好头发！通红的发根，雪白的簪子！娘女三个去赶集，一集的人都朝她们望"。汪曾祺运用诸多颜色词语和新颖、俏皮、生动、活泼的口语，在接连不断的比喻中，写出了两位乡村少女的质朴与美丽，作品洋溢着浓郁的乡土气息，展现出她们的健康人性，表达了对这种人性的赞颂。

磬 qìng
佛教的打击乐器，形状像钵，用铜制成。

秉承 bǐngchéng
承受；接受（旨意或指示）。

泼辣 pōlà
有魄力，勇猛。

青梅竹马 qīngméi-zhúmǎ
形容男女小的时候天真无邪，在一起玩耍。现多指夫妻俩或恋人从小就相识。青梅：青的梅子；竹马：儿童放在胯下当马骑的竹竿。

两小无猜 liǎngxiǎo-wúcāi
男女小的时候在一起玩耍，天真烂漫，没有猜疑。

勾勒 gōulè
用线条画出轮廓；用简单的笔墨描写事物的大致情况。

《受戒》是如何体现儒家文化的"仁爱"思想的？

洋溢 yángyì
（情绪、气氛等）充分流露。

簪子 zānzi
别住发髻的条状物，用金属、骨头、玉石等制成。

俏皮 qiàopí
举止活泼或谈话风趣。

在景物描写上，《受戒》表现出浓厚的地域风情，但并不华丽，而是一种自然之美。小说真正描写主人公明海和英子的文字并不多，一半以上的篇幅都是描写庵赵庄的自然风光和纯朴民俗，而正是苏北独特的民俗风情为明海和小英子懵懂爱情的发生提供了原生态的背景环境。菩提庵里几个和尚的特征，构成了一幅地地道道的苏北平民风俗画儿，他们放租、放债、打牌、喝酒，带着家属同住庵里，过着打破清规戒律、无拘无束的生活，有着合理健康的世俗欲望。在自然风景和乡情民俗的描述中，小说也表达出对自然、通脱的生命情怀和田园生活的向往。

在语言上，《受戒》充分运用了苏北民间方言的资源，大量的民间歌谣和世俗口语，使小说的语言自然朴实、清新别致。口语和民间歌谣的添加，使小说读起来不仅抑扬顿挫、铿锵有力，而且富含民间文化情趣，给人一种轻松舒服的感觉。汪曾祺写人写事都很轻松，乡音俗语信手拈来，人物的说说笑笑仿佛就发生在读者身边。这种乡土气息造就了汪曾祺小说语言的诗化和散文化特征，显示了他对语言背后的文化意蕴的追求。

以《受戒》为代表的汪曾祺的小说，安静平淡，率性自然，能在质朴中显出神奇，这是汪曾祺小说最具文化魅力的特点。

> 懵懂　měngdǒng
> 糊涂，不明事理。
>
> 清规戒律　qīngguī-jièlǜ
> 僧尼、道士必须遵守的规则和制度；借指束缚人的死板的规章制度。
>
> 无拘无束　wújū-wúshù
> 不受任何约束，形容自由自在。
>
> 抑扬顿挫　yìyáng-dùncuò
> （声音）高低起伏和停顿转折。
>
> 铿锵　kēngqiāng
> 形容声音有节奏而响亮。
>
> 信手拈来　xìnshǒu-niānlái
> 随手拿来。多形容写文章时词汇或材料丰富，不用过多思索，就能写出来。
>
> 《受戒》的诗化特征体现在哪些方面？

一、讨论

1. 汪曾祺的小说在选材上有什么特点？
2. 汪曾祺的小说在语言上有什么特点？
3. 明海和英子分别是什么样的人物形象？
4. 为什么说汪曾祺的小说是"诗化"的？

二、练习

1. 填空

（1）汪曾祺的小说多以自己的家乡_____北部（简称"苏北"）水乡的风土人情为背景，体现出独特的审美内涵。

（2）汪曾祺的小说《_____》获1981年全国优秀短篇小说奖。

（3）《受戒》中的两个小主人公是_____和_____。

2. 判断对错

（1）汪曾祺的小说擅长描写记忆中的童年，描写故乡的人和事。（　　）

（2）被誉为汪曾祺"诗化小说"代表作的《受戒》创作于20世纪40年代。（　　）

（3）汪曾祺的小说在讲故事的同时也注重描写风景，具有浓郁的乡土气息。（　　）

（4）小说《受戒》中，按照庵赵庄的风俗，当和尚完全是一种宗教信仰。（　　）

（5）小说《受戒》中，英子和明海青梅竹马，两小无猜。（　　）

3. 为下列词语选择正确的解释

第一组：

（　）玩味　　　A. 用语言文字或其他艺术手段表现人物形象

（　）追溯　　　B. 比喻探索事物的由来

（　）温馨　　　C. 细细地体会其中的意味

（　）塑造　　　D. 芳香，温暖

第二组：

（　）相濡以沫　　A. 不受任何约束，形容自由自在

（　）青梅竹马　　B. 形容男女小的时候天真无邪，在一起玩耍

（　）返璞归真　　C. 去掉外在的装饰，恢复原来的质朴状态

（　）无拘无束　　D. 比喻同处困境，相互救助

中国当代文学

三、小结

学完这一课，你有哪些收获？

_____

_____

_____

_____

四、课外阅读指导

1. 如果你喜欢以民俗风情为背景的小说，还可以阅读汪曾祺的《大淖记事》，这将帮助你加深对汪曾祺小说特色的理解。

2. 在 20 世纪 80 年代中国"文化小说"创作热潮中，除汪曾祺的苏北乡土小说以外，还涌现出京味小说、津门系列文化小说、苏州风味小说等大量的优秀作品。其中邓友梅的《烟壶》《那五》和陆文夫的《美食家》值得一读。

第四讲

莫言的"红高粱家族"

一　学习目标

1. 了解莫言的创作情况

2. 体会莫言小说的艺术特色与价值

3. 分析"红高粱"的象征意义

二　关键词

莫言；《红高粱家族》；魔幻现实主义

三　预习思考

1. 你读过哪些诺贝尔文学奖获奖作家的作品？

2. 你怎样看莫言笔下的"高密东北乡"？

第一节　莫言创作概述

> 本节主要介绍莫言的创作经历、文学成就以及莫言小说的艺术特色。

2012年10月，莫言获得了诺贝尔文学奖。瑞典诺贝尔文学奖评奖委员会对莫言的评价是："用魔幻现实主义将民间故事、历史和现代社会融为一体。"莫言是第一位、也是迄今为止唯一一位获得诺贝尔文学奖的中国籍作家。

莫言（1955—）原名管谟业，祖籍山东省高密县。他出生时的20世纪50年代，中国农村普遍贫困，这给他的少年生活留下了惨痛记忆。父亲过于严厉的管束也使他备受压抑，形成了内向甚至孤僻的性格。但莫言在文学中找到了属于自己的天地。1981年秋，莫言发表处女作《春夜雨霏霏》，从此走上了文学创作的道路。接着他相继创作了中篇小说《透明的红萝卜》《球状闪电》《金发婴儿》和短篇小说《枯河》《白狗秋千架》《秋水》等作品。其中，发表于1985年的《透明的红萝卜》是莫言的成名作，讲述的是一个贫穷且受到虐待的小黑孩奇异的故事。小说极具生活的真实，又充满神奇的色彩，显示出莫言小说与众不同的风格。莫言创作于1986年的中篇小说《红高粱》获得全国优秀短篇小说奖，随后，他又创作了《高粱酒》《狗道》《高粱殡》和《奇死》等小说，并将它们结集为《红高粱家族》出版，该书集中展现了山东高密东北乡的民俗图景和一些可歌可泣的传奇故事。

20世纪80年代后期至今，莫言先后完成了《天堂蒜薹之歌》《十三步》《酒国》《丰乳肥臀》《檀香刑》《四十一炮》《生死疲劳》和《蛙》等长篇小说。其中，《丰乳肥臀》用深刻的笔触将一个庞大的家庭放到20世纪中国动荡不安的历史进程中，以此来反映社会的变迁，表现出他对女性的同情和赞颂。同时，小说描写了人类不可克服的弱点和病态人格导致的悲惨命运。

2009年，《蛙》的出版使莫言的文学生涯登上了又一座高峰，小说在2011年获得了第八届"茅盾文学奖"。《蛙》写的是"姑

孤僻 gūpì
（性格）怪僻，不合群。

虐待 nüèdài
用残暴狠毒的手段待人。

可歌可泣 kěgē-kěqì
值得歌颂，使人感动得流泪，指悲壮的事迹使人非常感动。

动荡不安 dòngdàng bù'ān
比喻局势、情况不稳定，不平静，不安宁。

《蛙》讲述了一个什么样的故事？

姑"50多年的行医经历，并以此再现了中国近60年来波澜起伏的农村生育史。小说以高度象征化的手法，表现出中国为控制人口增长所采取的计划生育政策，与"多子多福"的传统文化之间的冲突，以及老百姓特别是农村居民对这一政策从抗拒、诋毁到逐步接受的艰难历程。

诋毁 dǐhuǐ
毁谤；污蔑。

莫言的小说大多取材于他的故乡——高密东北乡的民间传奇和故事，营造了"高密东北乡"这一神奇的文学王国，赋予它以民族文化的个性。总体来说，莫言的小说有以下几个特点：

第一，蕴含着浓厚的乡土情怀和深重的苦难意识。莫言出生在农村，在农村生活了20多年，故乡高密的一切已深深扎根在他的心灵当中，农村生活成为他在小说中的主要表现内容。莫言第一次使用"高密东北乡"作为小说人物活动和故事发展的背景是在《白狗秋千架》中。莫言说："高密有泥塑、剪纸、扑灰年画、茂腔等民间艺术。民间艺术、民间文化伴随着我成长，我从小耳濡目染这些文化元素，当我拿起笔来进行文学创作的时候，这些民间文化元素就不可避免地进入了我的小说，也影响甚至决定了我的作品的艺术风格。"小说中，对故乡民俗民风的描写随处可见，一定程度上丰富了小说的趣味性，更增添了小说的乡土风味。同时，莫言也"搬来山峦、丘陵、沼泽、沙漠，还有许多真实的高密东北乡从来没有生长过的植物"，融合到东北乡农民日常生活的柴米油盐、喜怒哀乐和生老病死中。

扎根 zhāgēn
植物的根向土壤里生长；比喻深入到人群或事物中去，打下基础。

莫言为什么要以故乡为题材来创作小说？

耳濡目染 ěrrú-mùrǎn
形容见得多、听得多了之后，无形之中受到影响。

丘陵 qiūlíng
连绵成片的小山。

沼泽 zhǎozé
水草茂密的泥泞地带。

喜怒哀乐 xǐ nù āi lè
喜欢、恼怒、悲哀、快乐，泛指人的各种情绪。

莫言小说中的人物大多是受苦受难的下层农民，甚至是受到成人世界的压迫而没有发言权的孩子，他们虽然不是历史的主导者，却以强大的生命力承担着这片土地上深重的苦难，在残酷的人生中张扬着坚忍的生命力量。《天堂蒜薹之歌》中，虽然蒜薹丰收，但因为卖不出去全烂在了家里，由此而引发的事情还使一些人进了监狱、丢了性命。《秋水》中，爷爷、奶奶在一年的劳作之后，粮食全被洪水淹没。无论是天灾还是人祸，都让底层农民处在无可奈何的困境之中。莫言尤其注重描写饥饿给底层人民带来的苦难，讲述农民的生命故事。《丰乳肥臀》中，1960年春天蛟龙河农场的人们被饥饿折磨着，"粥被喝得一片响，不知有多少眼

残酷 cánkù
凶狠冷酷。

坚忍 jiānrěn
（在艰苦困难的情况下）坚持而不动摇。

泪滴在粥碗里，几百条红舌头把碗舔光"。七姐乔琪莎难耐饥饿，在食物的引诱下，被农场炊事员张麻子诱奸，而张麻子"在饥饿的一九六零年，以食物为诱饵，几乎把全场的女右派诱奸了一遍"，难忍的饥饿已经战胜了自尊心和羞耻感，这是人性的弱点，更是人性的悲剧。小说清晰地描绘出挣扎于底层的农民的生存苦难，表现出莫言对世界、对人生的深刻思考，以及他心底的伤痛。

第二，深受魔幻现实主义思潮和手法的影响。魔幻现实主义是20世纪50年代前后在拉丁美洲兴起的一种文学流派，说起来是"魔幻"，而真正要表现的是"现实"。哥伦比亚作家加夫列尔·加西亚·马尔克斯（Gabriel José de la Concordia García Márquez）于1967年用魔幻现实主义的手法写出了长篇小说《百年孤独》，并在1982年凭借这部小说获得了诺贝尔文学奖。随后，魔幻现实主义手法在全世界形成热潮。在《百年孤独》的启发下，莫言立足于家乡普通农民的日常生活，将民间传奇与当代生活融合在一起，把神奇、怪诞的人物和情节，以及各种超自然的现象融入到现实的描写当中，创造出一个个独特的幻象的世界。中篇小说《透明的红萝卜》便表现出鲜明的幻象与现实互相变化的特点。主人公小黑孩的行为方式已经脱离了现实的可能性，带有魔幻色彩：他能听到头发落地的声音，能听到树叶落下来震动空气的响动；他抓着烧红了的钢钻，手里冒着肉糊的黄烟而不用扔掉，钢花碰到他微微突起的肚皮便会软软地弹回去。但他又是现实生活中的普通人，他一出那座桥洞，便感到寒冷，便再也看不到那"透明的红萝卜"了。作者要表现的是动荡的时代和社会对孩子心灵的扭曲。残破的家庭，失去母爱的童年，造成了黑孩在现实苦痛面前的坚忍和倔强。小黑孩的世界充满了虚幻神秘，但又没有脱离现实，这正是莫言借鉴魔幻现实主义手法所获得的独特的艺术效果。

第三，语言具有鲜明的地方特色。在讲述故事时，莫言运用了大量的方言俚语。莫言的童年和青年时期几乎都在家乡劳作，对农民的日常用语非常熟悉。他将这些俚语引入到乡民的传奇故事之中，既成功表现了人物性格，又增强了小说的审美效果，增加了小说的乡土韵味。如《欢乐》中："老态龙钟的支部书记从办

引诱 yǐnyòu
诱导；诱惑。

莫言小说中的"魔幻现实主义"有什么独特之处？

怪诞 guàidàn
荒诞离奇；古怪。

幻象 huànxiàng
幻想出来的，或由幻觉产生的形象。

扭曲 niǔqū
扭转变形；比喻歪曲；颠倒（事实、形象等）。

倔强 juéjiàng
（性情）刚强不屈。

俚语 lǐyǔ
粗俗的或通行面极窄的方言词。

韵味 yùnwèi
情趣、趣味。

老态龙钟 lǎotài-lóngzhōng
形容年老体弱、行动不灵便的样子。

公室跑出来，六神无主地站在院子里，丈二和尚摸不着头脑，盲人摸象般地走到教室门口，声色俱厉色厉内荏外强中干嘴尖皮厚腹中空地吼叫一声：'不许高声喧哗！'然后头重脚轻根底浅地走着，急急如丧家之犬，忙忙如漏网之鱼。"短短的一段话运用了大量的俚语，幽默地表现出老支书复杂的情态——心事重重、万分焦急、慌张忙乱。

莫言小说的语言经常打破汉语规范，把原本固定的词语重新排列组合。这些任意搭配的词语通常会饱含全新的意蕴，令人回味无穷。如《红高粱家族》中："奶奶三十年的历史，正由她自己写着最后的一笔。过去的一切，像一颗颗香气馥郁的果子，箭矢般坠落在地，而未来的一切，奶奶只能模模糊糊地看到一些稍纵即逝的光圈，只有短暂的又粘又滑的现在，奶奶还拼命抓住不放。"文中"又粘又滑"表面上指血液，"现在"指流血的时刻。但从内在的含义说，"又粘又滑"则指生命的逝去已无法挽回，"现在"只是去世前弥留的时刻。莫言用这样的非常规的词语，说明随着血液的一点点流尽，奶奶的生命也正在从她手里一点点滑落，走向结束。

莫言的小说深受国内外读者的欢迎，他多次获得各种国内和国际奖项，如《丰乳肥臀》获首届"大家·红河文学奖"；《白狗秋千架》获台湾"联合报文学奖"，据此改编的电影《暖》获第十六届东京电影节金麒麟奖等。此外，莫言个人还获得了第二届华语文学传媒大奖"年度杰出成就奖"、"法国文学艺术骑士勋章"、第三十届意大利"诺尼诺（NONINO）国际文学奖"等许多荣誉。《红高粱家族》《丰乳肥臀》等还被翻译成英、法、德、日等多种文字在国外出版。

六神无主 liùshén-wúzhǔ
形容惊慌或着急而没有主意。

丈二和尚摸不着头脑 zhàng èr héshang mō bù zháo tóunǎo
（歇后语）指弄不清怎么回事。

盲人摸象 mángrén-mōxiàng
传说几个盲人摸一只大象，摸到腿的说大象像一根柱子，摸到身躯的说大象像一堵墙，摸到尾巴的说大象像一条蛇，各执己见，争论不休。用来比喻对事物了解不全面，固执一点，乱加揣测。

声色俱厉 shēngsè-jùlì
说话时声音和脸色都很严厉。

色厉内荏 sèlì-nèirěn
外表强硬而内心怯懦。

外强中干 wàiqiáng-zhōnggān
外表上好像很强大，实际上很空虚。

嘴尖皮厚腹中空 zuǐ jiān pí hòu fù zhōng kōng
说话刻薄，脸皮厚，腹中没有真才实学。

头重脚轻根底浅 tóu zhòng jiǎo qīng gēndǐ qiǎn
上面重，下面轻，比喻基础不牢固。

丧家之犬 sàngjiā zhī quǎn
无家可归的狗。比喻失去靠山，无处投奔的人。

漏网之鱼 lòuwǎng zhī yú
比喻侥幸脱逃的罪犯、敌人等。

馥郁 fùyù
形容香气浓厚。

稍纵即逝 shāozòng-jíshì
稍微一放松就溜过去了，形容时间、机会等极易失去。

弥留 míliú
病重将要死亡。

第二节 《红高粱家族》

本节主要分析《红高粱家族》的故事内容及艺术价值。

　　《红高粱家族》完成于1986年，是莫言的主要代表作之一，它不仅被译成多种外国语言，而且还多次被改编成电影、话剧，影响广泛。

　　《红高粱家族》由《红高粱》《高粱酒》《狗道》《高粱殡》和《奇死》五个中篇小说组成，以抗日战争为背景，以高密东北乡为地点，讲述了"我"的爷爷、奶奶、父亲、姑姑等人的一系列抗日故事，以及发生在他们身上的传奇爱情经历。小说注重对民族精神的挖掘，表达了作家对中华民族热烈而顽强的生命力的热情呼唤，对自由、美好的人性的由衷赞美，体现了莫言对民族精神、民族文化和民族命运的深刻思考。

小说集《红高粱家族》包括哪些作品？

　　《红高粱》是全书中最著名的一篇，以"我"回忆的形式，讲述了"我爷爷"和"我奶奶"的爱情故事，以及爷爷的抗日斗争。爷爷余占鳌本是奶奶戴凤莲出嫁时的轿夫，在送戴凤莲去婆家的路上，率众杀死了一个想劫花轿的土匪，随后他在戴凤莲回娘家时埋伏在路边，把她劫进高粱地里野合。接下来余占鳌杀死戴凤莲患麻风病的丈夫，做了土匪，与此同时，余占鳌还进行着顽强的抗日斗争。戴凤莲家的长工罗汉大爷被日本人剥皮而死，余占鳌愤怒至极，拉起队伍伏击日本汽车队，发动了一场由土匪和村民参加的民间抗日战争。

《红高粱》讲述了一个什么样的故事？

劫 jié
抢劫。

土匪 tǔfěi
地方上的武装匪徒。

　　《红高粱家族》中的《高粱酒》《狗道》《高粱殡》《奇死》等各篇也写得各有特色。其中，《狗道》尤为生动。小说主要写日本军队对高密东北乡灭绝人性的大屠杀，几百条丧了家的狗闻着血腥味去吃尸体，村里仅剩的几个人在与疯狗一样的日本兵拼命后，又和真正的疯狗展开了夺尸大战。在人和狗的较量中，人变得越来越勇敢、越来越聪明，狗也变得越来越狡猾，然而人最终战胜了狗！

屠杀 túshā
大批残杀。

狡猾 jiǎohuá
诡计多端，不可信任。

《红高粱家族》以曲折动人的情节、深厚的文化内涵显示出独特的艺术价值：

首先，小说塑造了以"我爷爷""我奶奶"为代表的性格独特、鲜活丰满的人物形象。爷爷余占鳌是一个典型的民间英雄，他敢爱敢恨，不畏强暴。但这个形象又很复杂：他是土匪却充满正义，性格粗暴却有人情味。他为了报仇雪耻，苦练枪法，将非礼过他妻子的土匪一网打尽；他为了还一个村姑的清白，将酒后施奸的叔叔枪毙；为了小妾恋儿，他与妻子戴凤莲分居。他一生杀人无数，抢掠无数，是个地道的土匪。同时，他又多次组织抗日，并为了民族大义而死，他粗野、狂暴的性格中蕴含着原始正义感和生命的激情。

奶奶戴凤莲是一个不平凡的女子。她同样爱憎分明、敢做敢为。她敢于主导自己的命运，不为封建礼教所束缚。她在出嫁路上遇到强盗抢劫而不恐惧；面对患麻风病的丈夫，她不想逆来顺受，事先准备了一把剪刀以死相争，三天没有让丈夫近身一步；回娘家时，她与余占鳌在热情如火的高粱地里野合，宣布了她对封建礼教的反叛；当丈夫发生婚外情时，她没有消极承受，而是主动投入黑眼的怀抱，以显示自己的独立与叛逆。抗日战争爆发后，她大义凛然地支持余占鳌抗日。临死前，她说："什么叫贞节？什么叫正道？什么叫善良？什么是邪恶？你一直没有告诉过我，我只有按着我自己的想法去办，我爱幸福，我爱力量，我爱美，我的身体是我的，我为自己做主，我不怕罪，不怕罚，我不怕进你的十八层地狱，我该做的都做了，该干的都干了，我什么都不怕。"戴凤莲的豪放坦荡和任情任性，展示出的是自由的生命精神，是纯朴而强大的生命力。这两个鲜活的人物形象，在相当程度上代表了莫言小说的思想深度和艺术风格。

其次，小说具有浓郁的魔幻现实主义色彩。如《红高粱》讲述的是过去的历史故事，小说设置了"我"这个后代子孙作为叙述者，来讲述"我奶奶""我爷爷"和"我十四岁父亲"的生活。作为故事讲述人的"我"与发生在"一九三九年古历八月初九"的故事存在着遥远的时间距离，所以"我"是没有办法看到当时

为什么说余占鳌是一个复杂的人物形象？

报仇雪耻 bàochóu-xuěchǐ
采取行动来打击仇敌，洗掉耻辱。

一网打尽 yìwǎng-dǎjìn
比喻全部抓住或消灭。

小妾 xiǎoqiè
旧时男子在妻子以外娶的女子。

礼教 lǐjiào
礼仪教化，特指旧传统中束缚人的思想行动的礼节和道德。

逆来顺受 nìlái-shùnshòu
对别人的欺负或无理的待遇采取忍受的态度。

叛逆 pànnì
背叛；有背叛行为的人。

大义凛然 dàyì-lǐnrán
严峻不可侵犯的样子，形容为了正义事业坚强不屈。

豪放 háofàng
气魄大而无所拘束。

坦荡 tǎndàng
形容心地纯洁；胸襟宽畅。

为什么说戴凤莲是一个不平凡的女子？

《红高粱》如何体现出魔幻现实主义的特色？

情况的,"我"并不是客观地讲述,只是通过"我爷爷""我奶奶""我父亲"和"我"的血缘家族关系,把历史和现实的距离不断地拉开又连接,用"我"自己的感觉和现实社会的眼光去看待历史,去描述"过去"与"未来"。过去和现在又不断地在变换,于是就出现了"过去的过去""过去的将来"等异常的时态,这不由得让人想起《百年孤独》的开篇:"多年以后,当奥雷连诺上校面对行刑队时,他将会想起他父亲带他去参观冰块的那个遥远的下午。"这种灵活的讲述方式,使过去和现在处于相互交叉的模糊的状态,使"我爷爷""我奶奶"等东北乡农民的抗日伏击战、他们的风流传奇故事和"我"对历史与现实的感觉融为一体,形成了繁多而交叉的主题。可以说《红高粱》写了以余占鳌和戴凤莲为代表的高密东北乡农民抗日救国的故事,也可以说是写了余占鳌和戴凤莲的恩怨情仇,还可以认为是莫言在通过小说寻找现代社会中人类的精神归宿。《红高粱家族》开创了一种经典的历史与现实相融合、虚幻与真实相交融的小说讲述方式。

再次,小说的景物描写传达出深厚的象征意义,融入了作家自己的生命体验。"红高粱"和"黑土地"是小说中出现较多的景物,莫言选择"红高粱"作为主要景物有着深刻的文化象征意义:高粱与中国人的生活息息相关,它既是食物,也是中华文化精神血脉不断传承的代表物象。在高密东北乡,高粱是人们赖以生存的主要食物,是当地人民世世代代得以繁衍的基本保证;而红色既是高粱的本色,又是生命活力的象征,寓意着伤痛和死亡。红高粱养育了高密东北乡人民,而他们也义无反顾地投身这片高粱地,两者互相依靠、深深结合,这就是"红高粱"的象征意义。而"黑土地"则滋养了红高粱,承纳了英雄人民的气节,吸收了他们的鲜血,可以说是有血有肉之地。"故乡的黑土,本来就是出奇地肥沃,所以物产丰饶,人种优良,民心高拔。"东北乡活力深沉的黑土地与小说人物的坚韧品质相关,与整部小说的主题相关。肥沃的黑土地作为小说人物的生存、活动空间,与一望无际的红高粱共同构成了一幅壮观的图景,融入了作家对人与自然、历史、现实,乃至与未来的深刻思考。

"红高粱"有什么象征意义?

息息相关 xīxī-xiāngguān
呼吸相关联,比喻关系密切。

繁衍 fányǎn
逐渐增多或增广。

义无反顾 yìwúfǎngù
在道义上只有勇往直前,绝对不能退缩回头。

一望无际 yíwàng-wújì
一眼看不到边,形容辽阔。

作为重要的代表作，《红高粱家族》体现了莫言对人性体察的深度、对小说文体的创新、对乡土文化的自觉思考、对历史与现实的准确理解，以及融合西方现代派小说技巧方面的有益尝试。《红高粱家族》使极具特色的"高密东北乡"出现在世界文学的版图上，这是莫言对中国当代文学，乃至世界文学的重要贡献。

《红高粱家族》的艺术价值体现在哪些方面？

【文化注释】

1. **魔幻现实主义** móhuàn xiànshí zhǔyì

20世纪50年代前后在拉丁美洲兴盛起来的一种文学流派，主要表现在小说领域，特点是善于用神奇、魔幻的手法表现现实生活。

2. **右派** yòupài

指在阶级、政党、集团内，政治上保守、反动的一派。也指属于这一派的人。1957年5月，中国共产党发起了一场整风运动，在全国开展反右派斗争。大批知识分子、爱国民主人士和少数党员干部等被错划为"右派分子"，人数达55万。他们蒙冤受屈22年，许多右派分子落入身败名裂、家破人亡的悲惨境地，被送去"劳动教养"的"右派分子"更是不乏其数。此处莫言小说中的"右派"即"右派分子"的意思。

一、讨论

1. 莫言小说的乡土特色体现在哪些方面？

2. 《红高粱》中的余占鳌是一个什么样的人物形象？

3. 《红高粱》中的戴凤莲是一个什么样的人物形象？

4. 你认为"红高粱"有哪些象征意义？

二、练习

1. 填空

（1）发表于1985年的中篇小说《_____》是莫言的成名作。

（2）莫言用小说营造了"_____"这一神奇的文学王国，并将其镶嵌在世界文学版图上。

（3）《红高粱》中的"我奶奶"是一个不平凡的女子，她叫_____。

（4）《红高粱家族》写的都是高密东北乡_____战争时期的故事。

2. 判断对错

（1）莫言的小说主要写农村生活，体现出浓厚的乡土情怀和深重的苦难意识。（　　）

（2）莫言小说中的魔幻现实主义有自己的特点：他常常把神奇、怪诞的人物和情节，以及各种超自然的现象融入到现实的描写当中，创造出一个个独特的幻象世界。（　　）

（3）小说集《红高粱家族》由《红高粱》《高粱酒》《透明的红萝卜》《狗道》和《丰乳肥臀》五个中篇小说组成。（　　）

（4）《红高粱家族》中的景物描写，如"红高粱""黑土地"等都不只是风景，而是具有深厚的象征意义。（　　）

3. 为下列词语选择正确的解释

第一组：

（　　）坚忍　　　　A. 气魄大而无所拘束
（　　）繁衍　　　　B.（在艰苦困难的情况下）坚持而不动摇
（　　）豪放　　　　C. 大批残杀
（　　）屠杀　　　　D. 逐渐增多或增广

第二组：

（　　）耳濡目染　　A. 比喻对事物了解不全面，乱加揣测
（　　）息息相关　　B. 形容时间、机会等极易失去
（　　）稍纵即逝　　C. 形容见得多听得多了之后，无形之中受到影响
（　　）盲人摸象　　D. 比喻关系密切

三、小结

学完这一课,你有哪些收获?

_____

_____

_____

_____

四、课外阅读指导

1. 在 20 世纪 80 年代中国的"文化寻根"小说中,除莫言外,张承志的《北方的河》、阿城的《棋王》等也将目光转向乡土或传统文化,值得一读。

2. 1988 年,中国导演张艺谋将小说《红高粱》改编成同名电影,搬上银幕。该影片于 1988 年 2 月荣获第三十八届柏林电影节金熊奖,并在中国热映。建议你找来电影观赏,并与小说中的描写做个比较。

第五讲
余华的"苦难叙事"

一　学习目标

1. 了解余华的创作情况

2. 体会余华小说的价值与特色

3. 思考《许三观卖血记》故事情节背后的深意

二　关键词

余华；《许三观卖血记》；苦难主题；"零度情感叙事"

三　预习思考

1. 余华的小说创作在20世纪90年代经历了怎样的转变？

2. 你怎么看许三观"卖血"这件事？

第一节 余华创作概述

本节主要介绍余华的创作历程、代表作以及小说创作的艺术特色。

20世纪80年代中期，马原、余华、苏童、叶兆言等一批青年"先锋派"作家登上文坛。之所以被称为"先锋派"，是因为这些作家的创作深受西方现代主义和后现代主义文化思潮的影响，从再现生活转向表现自我，不断创新着小说的形式和风格。余华的小说笔调冷峻，对暴力与死亡的主题有着深刻的思考，在"先锋派"作家中独树一帜。

冷峻　lěngjùn
冷酷严峻；沉着而严肃。

暴力　bàolì
强制的力量；特指国家的强制力量。

独树一帜　dúshù-yízhì
单独树立起一面旗帜，比喻自成一家。

余华1960年出生于浙江省杭州市，后随父母迁居小城海盐。余华的少年时代，中国正处于"文革"动乱中。17岁中学毕业后，他在镇上做起了牙医，五年后，转而在海盐县文化馆和嘉兴文联等地工作，并开始文学创作。发表在《北京文学》1984年第1期上的《星星》是余华的第一部作品。

余华20世纪80年代的代表作有哪些？

余华的小说创作可以分为前后两个阶段。前一阶段主要是20世纪80年代，他先后创作了一系列表现血腥、暴力和死亡的短篇小说，如《十八岁出门远行》《四月三日事件》《一九八六年》《死亡叙述》《往事与刑罚》《鲜血梅花》等。这些小说主要写人性的险恶，展示了人世的黑暗。"暴力"是贯穿这一时期余华创作的关键词。小说《十八岁出门远行》讲述了"我"，一个刚满十八岁的青年离家远行的故事。面对广阔、陌生的环境，初次出门远行的"我"不会考虑等待自己的将会是什么，反而总会被眼前新鲜的事物所吸引，把它们想象成一些"我"记忆中熟悉的事物，远行对"我"而言是一件快乐的事。尽管"我"成了故事中唯一的受害者，但这就是十八岁时的生活。故事情节不像一般的小说那样合理，充满了怪诞和不可思议。语言平铺直述，甚至有些生涩。正是这种清新锐利的风格，使余华脱颖而出。

险恶　xiǎn'è
阴险恶毒。

不可思议　bùkě-sīyì
不可想象，不能理解。

脱颖而出　tuōyǐng'érchū
指人的才能全部显现出来。

20世纪90年代以后，余华进入创作的后一阶段，他开始关注普通小人物的日常生活和感受，描写他们的苦难与坚韧，先后创作了《活着》《许三观卖血记》《兄弟》等长篇小说，虽然还有血腥和暴力的描写，但作品更着力表现了人与人之间的温情，赞美人类善良崇高的品质，风格有了明显的变化。小说《活着》的故事发生在 20 世纪 40 年代到七八十年代，主人公福贵本是富人家的少爷，因为赌博而败光家业，父亲被气死，母亲重病，他去城里请医生，在路上被国民党军队抓壮丁，硬拉上了战场。几年后，福贵被共产党军队俘虏并释放回家，但他真正的悲剧才刚刚开始。儿子有庆、女儿凤霞都死于非命，妻子家珍不堪打击，因病而死。不久，女婿二喜上班时被搬运的东西夹死，留下年幼的外孙苦根。谁想到，苦根也在一次吃豆子时意外地被撑死了。家人一个个去世，只剩下福贵一个人，反复经历着人生的艰难和命运的无常。但福贵没有被苦难的生活打倒，相反，他学会了如何与苦难共处，心态变得更加平静、乐观，对命运也有了更深刻的理解，"做人还是平常点好，争这个争那个，争来争去赔了自己的命。像我这样，说起来是越混越没出息，可寿命长，我认识的人一个挨着一个死去，我还活着"。小说结尾，福贵老了，与他朝夕相处的是一头同样叫"福贵"的老牛，他们完成了一天的劳作，在老人的歌声中渐渐消失在暮色之中。福贵的苦难集中体现了 20 世纪中国社会的苦难、普通人的苦难，福贵的乐观也体现了普通中国百姓直面苦难的顽强和勇气。用余华自己的话说，这是"对一切事物理解之后的超然，对善和恶一视同仁，用同情的目光看待世界"。小说出版后引起很大的社会反响，并获得了 1998 年意大利"格林扎纳·卡佛文学奖"和 2002 年第三届世界华文"冰心文学奖"。

小说《兄弟》的故事发生在一个江南小镇上，童年的李光头和宋钢跟随父母再婚而成为重组家庭的兄弟，两人的命运和时代的沉浮紧紧联系在一起。小说分为上、下两部，上部是发生在"文革"时代的故事，主要描写那个疯狂的年代里人性的扭曲，兄弟俩感情深厚，但命运悲惨；下部主要是发生在中国改革开放以后的故事，虽然"文革"的噩梦结束了，但兄弟俩依然在金钱和人性的陷阱里挣扎。小说用近似喜剧的形式讲述了这个家庭的悲剧故事，展示了社会转型中人性的本质。

余华 20 世纪 90 年代以后的小说创作与之前相比有什么不同？

抓壮丁　zhuā zhuàngdīng
战争时期强征兵役的一种通俗说法，这种行为不仅仅在以前的中国有，在国外也很常见，尤其是亚洲国家和非洲国家。

俘虏　fúlǔ
打仗时捉住敌人。

福贵有哪些性格特点？

一视同仁　yíshì-tóngrén
同样看待，不分亲疏厚薄。

陷阱　xiànjǐng
为捉野兽或敌人而挖的坑，上面覆盖着伪装的东西，踩在上面就掉到坑里。比喻害人的圈套。

中国当代文学

余华的小说以其切入生活的独特视角和挖掘人性的深度，显示了中国当代小说的新进展，具体表现在以下几个方面：

首先是在小说叙述形式上的自觉创新和大胆实验。余华小说在叙述形式上的关键问题，是如何对待生活的真实。余华认为："所有的创作，都是在努力更加接近真实。我的这个真实，不是生活里的那种真实。我觉得生活实际上是不真实的，生活是一种真假参半、鱼目混珠的事物。"① 因此，他打破了传统的生活逻辑，拓展出新的文学想象空间。他的许多作品，发生在人物身上的事情常常是突然的和不可思议的，然而这正是余华所探寻到的"真实"世界。在《十八岁出门远行》中，胡须定居在下巴上；汽车车盖是翻起的嘴唇；晚霞存在于屁股上；司机在个人财产被侵犯时无动于衷。作者所叙述的不是稀奇古怪的事件本身，而是隐藏在背后的人的情绪和内心感触。

其次是小说具有丰富而深刻的寓言性，充满了象征和隐喻。余华采取寓言的方式，对中国社会的历史和普通人的日常生活进行追问，展示了一个不同于常规的世界，以小见大，用简单的语言讲述震撼人心的故事，表达出对社会、人生的认识和理解。《一九八六年》等作品中，通过对死亡的叙述，对"文革"与封建专制统治的悠久历史做出深刻的联系与反省，将"文革"的暴力直指历史的深处，以寓言的方式揭示出人类历史所蕴含的暴力因子。《四月三日事件》描述了一个十八岁青年，他是一个被迫害妄想症患者，始终没有从病态中觉醒，也没有反抗。小说表明了人对现状的无可奈何，对于现实只能心平气和地接受，这是对历史与现实的双重批判。从早期的《十八岁出门远行》到后来的《活着》和《许三观卖血记》，余华小说的这种丰富而深远的寓言性，一直在不断地加强，并以此形成了他特有的风格。

再次是小说在叙述态度上追求"零度状态写作"。所谓"零度状态写作"也称"零度情感叙事"，即作家"情感的零度介入"和"无我的叙述方式"，追求用冷静的笔调来书写人物的生活和命

---

① 余华《我的真实》，《人民文学》，1989 年第 3 期。

余华的小说有哪些艺术特色?

鱼目混珠 yúmù-hùnzhū
拿鱼眼睛冒充珍珠。比喻用假的东西冒充真的。

无动于衷 wúdòngyúzhōng
心里一点儿不受感动，一点儿也不动心。

寓言 yùyán
有所寄托的话；用假托的故事或自然物的拟人手法来说明某个道理或教训的文学作品，常带有讽刺或劝诫的性质。

隐喻 yǐnyù
比喻的一种，不用"像、似"等比喻词，而用"是、成为、变为"等词，把某事物比拟成和它有相似关系的另一事物。也叫"暗喻"。

心平气和 xīnpíng-qìhé
心里平和，不急躁，不生气。

什么是"零度情感叙事"?

运。身为讲述者的作家却保持一个局外人的姿态，只是客观地叙述人物的日常生活。他们的孤独、烦恼、欲望，他们生存的艰难、个人的无助等，都在作家冷静的零度情感叙事中表现出来。描述暴力与死亡时的冷漠态度，是余华典型的创作风格，但这种所谓的冷漠与客观，并不是绝对的，这种姿态本身就是一种态度，是以冷漠与客观的方式来揭示人性的残酷和生存的荒谬。作家的冷漠与故事的残忍，在作品中构成巨大的反差，造成了强烈而独特的审美效果。《现实一种》《世事如烟》等都是这样的代表。

余华的作品已经被翻译成英语、法语、德语、荷兰语、意大利语、西班牙语、挪威语、日语、韩语等多种文字在国外出版。长篇小说《活着》和《许三观卖血记》同时入选中国"20世纪90年代最具有影响的十部作品"；《许三观卖血记》入选韩国《中央日报》评选的"100部青年必读书"。1998年，余华获意大利"格林扎纳·卡佛文学奖"，2002年获澳大利亚詹姆斯·乔伊斯基金会颁发的"悬念句子文学奖"，2004年获法国文学艺术骑士勋章。

荒谬　huāngmiù
极端错误；非常不合情理。

第二节　《许三观卖血记》

本节介绍《许三观卖血记》的故事内容，分析许三观这一人物形象和这部小说的艺术价值。

《许三观卖血记》写于1995年，是余华在20世纪90年代转型后的代表作品。在这部小说中，余华用客观、冷静的语言描写了普通人历经苦难的人生，表达了对人生苦难的深切同情，显示出对芸芸众生与中国社会发展的相互关系的深刻洞察。

小说的故事从上世纪50年代新中国成立后写起，主人公许三观是城里丝厂的一个青年工人，他既有工作的上进心，又有家庭

芸芸众生　yúnyún-zhòngshēng
佛教指一切有生命的东西，一般也用来指众多的平常人。

的责任心。为了解决生活中的困难，他先后十一次卖血，度过了一个又一个人生的难关。第一次卖血，是因为他回乡下后遇到的一个朋友要去城里医院卖血，出于好奇，也为了证明自己身体强壮，并且卖一次血便可以挣到三十五块钱——这在当时已经是一大笔钱了，所以许三观也去卖血了，并用挣来的钱娶了人称"油条西施"的许玉兰。随后，一次又一次的生活"需求"，使许三观不得不一次又一次地卖血：一乐打破别人孩子的头要付医疗费，与他发生性关系、给他安慰的女人林芬芳需要报答，饥荒年代家人的肚子填不饱，二乐上山下乡时要给队长送礼，一乐患上严重的肝炎，等等。面对人生的各种不幸和苦难，许三观表现出令人难以置信的坚韧与顽强。许三观最后一次试图卖血是在儿子们都成家立业之后，六十多岁的他到街上闲逛，偶然闻到炒猪肝的香味，于是他决定为自己卖一次血。但是到了医院，年轻的血头嫌他太老了，说他的血只能卖给油漆匠漆家具，医院不收了。许三观顿时觉得自己已经没用了，他用卖血的钱度过了人生中的一次又一次灾难，而此时已没人要他的血，如果家里再有灾难，该怎么办呢？他的精神崩溃了，他绝望地哭了。

小说的故事情节并不复杂，却令人刻骨铭心，过目难忘，在以下几方面充分体现了余华创作的基本风格和独特追求：

首先，小说以四十年的历史塑造了许三观这个血肉丰满的人物形象。在余华的笔下，一个平凡而伟大、多有不幸而勇于担当的父亲形象在人们心中树立起来。血是维持生命的根本，而作为父亲的许三观，一生中最重要的事情几乎就是卖血，用卖血来维持生命与生活，这本身就是对那个年代和那个年代的人生最大的讽刺与批判。小说的深刻与丰富在于，它不仅写出了这一层基本含义，还写出了人世间的复杂情感。在许三观多次卖血经历中，最多的是为了他的非亲生儿子一乐。许三观共卖血十一次，其中五次都是为了一乐。许三观对一乐的感情很复杂。许三观在得知自己最喜欢的儿子一乐是妻子和另一个男人何小勇所生时，在精神上受到了沉重打击。他不但憎恨给自己戴绿帽子的何小勇，对待一乐也大不如从前。饥荒年代，他卖血后带领一家人去饭店吃

许三观一共卖了多少次血？每次卖血的原因分别是什么？

难以置信 nányǐ-zhìxìn
不容易相信。

坚韧 jiānrèn
坚固有韧性。

崩溃 bēngkuì
完全破坏；垮台。

刻骨铭心 kègǔ-míngxīn
比喻牢记在心上，永远不忘。

面条，只把一乐留在家里。但许三观本质上是一个淳朴善良的人，当何小勇出了车祸之后，他虽然一时幸灾乐祸，认为善恶有报，可是为了救小勇一命，他听从了中医陈先生的建议，说服一乐到何家房顶上为何小勇喊魂。人间的情感与道义使许三观摆脱了中国传统思想的约束，最终原谅了一乐。当一乐患了肝炎需要去上海治病时，他毫不犹豫地决定卖血来救这个非亲生的儿子。去往上海的十几天路程中，他连续五次卖血，几乎丢掉了性命！这是小说最感人的地方，充分体现出余华对人间温情的感悟，也充分说明余华在冷静的叙述背后隐藏的一腔热血。许三观形象生动地演绎了一种超出血缘的亲情，一种无可矫饰的父爱。许三观身上所表现出来的质朴、乐观和坚强，表明了中国社会底层平民所具有的对于生存的执着和勇气。许三观的一生是苦难的一生，更是非凡而丰富的一生，无论是眼泪还是欢笑，我们从中得到的是生存的意义、生命的力量，领悟到的是中华民族坚韧不拔的毅力。

其次，小说显示了余华作品客观冷静的叙事特征。整部小说极少夸张和抒情，更没有作者自身的主观议论和评判，一切都在平静的叙述中展开。余华用近乎冷漠的姿态描写了许三观一家真实的生存状态，诉说他们一家人生活中面对的一个又一个的灾难。这种冷峻的写作态度本身就具有一种引发读者思考的力量：让读者自己沉浸在小说人物的故事和命运当中，自己去思考这些故事所蕴含的意义。可以说，客观冷漠，或者叫"零度情感叙事"，这并不是余华的本意，而是一种叙事策略，欲擒故纵，欲扬先抑。这种叙事策略能够更加有效和充分地表达出余华对人性的关注，对社会底层普通人命运的关切，甚至是对民族精神的深层思考。客观中有真情，冷峻中有激越，这是余华这部代表作重要的审美特质。

再次，单纯的语言和场景的重叠构成了小说的又一个特色和魅力。这部小说的故事情节主要不是由作者的叙述语言来完成的，更多的是由人物的对话来呈现的，通过人物的对话来叙说许三观生活上的一次次灾难，在人物的话语中勾画出最主要事件的轮廓，这些对话构成了作者对事件的描写，甚至构成了小说独立的章节和事件本身。小说的许多章节都是由人物对话组成的，这些单纯

幸灾乐祸 xìngzāi-lèhuò
别人遭到灾祸时自己心里高兴。

许三观是一位怎样的父亲？

矫饰 jiǎoshì
故意造作来掩饰。

余华客观冷静的叙事态度对读者理解小说有什么帮助？

欲擒故纵 yùqín-gùzòng
为了要捉住他，故意先放开他，使他放松戒备。比喻为了更好地控制，故意放松一步。

欲扬先抑 yùyáng xiānyì
要发扬、要放开，先控制、压抑。

的对话看似简单,却容易令读者产生丰富的联想,进而在联想中完成故事的丰富性和宽广性。如第十八章中,"许三观对许玉兰说"的五次对话,简单地勾画出在人民公社、大跃进、大炼钢铁运动这个特殊的时代背景下人们的生活情景,以及人们对这种生活的感受和看法,刻画出那个时代留在人们心中的印记。当然,人物对话的语言不仅简洁凝练,同时又很生动幽默。如小说的第四章,许玉兰先后生了一乐、二乐、三乐三个儿子,在描写许玉兰三次生育的过程中,以助产医生与分娩中的许玉兰的对话,幽默风趣地表现了许玉兰直爽泼辣的性格,也简洁地勾画出许三观和许玉兰的婚姻状况,整个章节不到一千字,却展示了他们夫妻长达五年的生活。

小说中相同或相似的场景不断重复,不断循环,形成了小说特有的节奏感。事件描述性的重复,最终使小说的内涵更加丰富,简单的不断重复和重复中的变化、重叠充实了作品的内容,使许三观整个家庭的灾难故事不断进行和扩展,取得了一种耐人寻味的艺术效果。小说的核心故事就是许三观卖血,这个情节在小说中一再重复。而许三观每次卖血前都要喝水,卖完血后都要吃一盘炒猪肝、喝二两黄酒,小说的结尾,许三观最想吃的依然是"一盘炒猪肝,二两黄酒"。正是这些重复的细节加强了许三观卖血的价值,也使整个小说的悲情力量获得了不断的提升,情感的节奏性充分体现出来,同时也增添了叙述的幽默感。

2003年11月9日出版的美国《时代》周刊高度评价了余华的《许三观卖血记》,认为小说"包含了20世纪中国社会的集体悲剧,帮助这位中国顶级作家获得了应有的国际声誉"。

> 人物对话在《许三观卖血记》中有什么作用?

> 分娩 fēnmiǎn
> 生小孩儿。

> 泼辣 pōlà
> 凶悍而不讲理。

> 《许三观卖血记》中有哪些事件是被重复叙述的?

一、讨论

1. 你怎么看《活着》中福贵经历的重重苦难?

2. 许三观是一个什么样的人物?

3. 许玉兰年轻时为什么被称为"油条西施"?

4. 通过《许三观卖血记》,你对中国当代社会和文化有了哪些了解?

二、练习

1. 填空

（1）余华的小说《_____》描写了福贵一家人的苦难经历。

（2）小说《兄弟》中描写的两兄弟分别叫_____和_____。

（3）余华的长篇小说《_____》和《_____》入选"20世纪90年代最具有影响的十部作品"。

（4）小说《许三观卖血记》写于_____年。

2. 判断对错

（1）"零度情感叙事"是指作家以局外人的姿态，冷静、客观地讲故事，不做任何道德评判和心理分析。（　　）

（2）小说《活着》讲述的是从"文革"到二十世纪七八十年代之间的故事。（　　）

（3）余华早期的小说笔调冷峻，对暴力与死亡的主题有着深刻的思考。（　　）

（4）《许三观卖血记》的艺术特点之一是通过人物对话来描写许三观生活上的一次次灾难，勾画最主要事件的轮廓。（　　）

3. 为下列词语选择正确的解释

第一组：

（　）险恶　　　　　A. 坚固有韧性

（　）坚韧　　　　　B. 凶悍而不讲理；有魄力、勇猛

（　）荒谬　　　　　C. 阴险恶毒

（　）泼辣　　　　　D. 极端错误；非常不合情理

（　）冷峻　　　　　E. 冷酷严峻；沉着而严肃

第二组：

（　）无动于衷　　　A. 别人遭到灾祸时自己心里高兴

（　）不可思议　　　B. 心里一点儿不受感动，一点儿也不动心

（　）一视同仁　　　C. 比喻牢记在心上，永远不忘

（　）刻骨铭心　　　D. 不可想象，不能理解

（　）幸灾乐祸　　　E. 同样地看待，不分亲属厚薄

三、小结

学完这一课,你有哪些收获?

_____

_____

_____

_____

四、课外阅读指导

1. 如果余华对暴力和血腥的关注令你震撼,那么你也可以深入阅读他的成名作《十八岁出门远行》,进而体会余华在创作内容和风格上的独特之处。

2. 除余华的《活着》《许三观卖血记》《兄弟》等小说以外,刘震云的《单位》、刘恒的《狗日的粮食》、池莉的《烦恼人生》等小说,也都以"零度情感叙事"见长,建议你阅读。

第六讲

王安忆的"上海故事"

一　学习目标

1. 了解王安忆的创作情况

2. 体会王安忆小说中的上海及"上海故事"

3. 分析《长恨歌》中王琦瑶这一人物形象

二　关键词

王安忆；上海故事；《长恨歌》

三　预习思考

1. 在你眼中，上海是一座什么样的城市？

2. 《长恨歌》中的故事跨越中国哪些年代？

第一节　王安忆创作概述

> 本节主要介绍王安忆的创作历程及小说创作特色。

上海是中国第一大城市，它早在20世纪20年代就已成为中国现代时尚都市文化的代表。在中国近现代文学中，从晚清小说《海上花列传》到"鸳鸯蝴蝶派""新感觉派"，再到张爱玲，形成了对上海这座繁华都市进行书写的"海派"作家群，当代作家王安忆接过了这支续写上海的笔，讲述着自己的"上海故事"。

王安忆（1954—），原籍福建同安县，生于江苏南京，1955年随母亲茹志鹃定居上海。1970年"文革"期间，王安忆作为"知青"赴安徽农村插队，回城后，任上海《儿童时代》杂志编辑。1978年发表处女作《平原上》，从此走上文学创作道路。20世纪80年代前期的代表作主要有《雨，沙沙沙》《本次列车终点》和《流逝》等。这些小说有对心灵的细腻探索，也有对人生价值的深入思考，"知青生活"成为小说的重要题材。此外，这些小说对日常生活的描写为后来王安忆的文学风格奠定了基础。

中篇小说《小鲍庄》是王安忆创作生涯的一个重要转折。1983年，王安忆与母亲访问美国，当从美国回到祖国时，她敏锐地发现了故土更多隐蔽的文化特点，开始重新审视中国的传统文化，创作了"寻根文学"代表作《小鲍庄》。这篇小说的人物都被一种叫作"仁义"的东西缠绕着，"仁义"是中国儒家文化的精髓，也是中华民族的传统美德，但在小鲍庄这个狭小、封闭的村庄里，人们的盲从愚昧使"仁义"变为一种有悖人性的思维定势，也就变成了封建礼教式的杀手，摧残着一个个鲜活的生命。王安忆揭示出了这种文化的劣根性，并给予了有力的批判。

之后王安忆又相继发表了中篇小说《小城之恋》《荒山之恋》《锦绣谷之恋》，长篇小说《纪实与虚构》《长恨歌》《富萍》《启蒙时代》，以及散文集《蒲公英》《窗里与窗外》《漂泊的语言》等。其中具有自传色彩的《纪实与虚构》将王安忆的小说创作推向一

隐蔽　yǐnbì
被别的事物遮住不易发现。

精髓　jīngsuǐ
比喻事物最重要、最好的部分。

愚昧　yúmèi
缺乏知识；愚蠢而不明白事理。

悖　bèi
相反；违反。

劣根性　liègēnxìng
长期养成的、根深蒂固的不良习性。

个新的高度。小说讲述了"我"的成长历程，构建了母亲的"家族史"。小说在琐碎的生活片段中，表现了"我"与上海这座城市若即若离的微妙关系：虽然生活在上海，但骨子里却有一种难以抑制的孤独感。小说中，"纪实"与"虚构"两部分以横向的社会关系和纵向的历史书写构成了一个有机的整体，表达了人类普遍拥有的孤独感和对自我、社会、历史存在的思考与追问。新颖的叙述方式开创了一种新的小说形式，也呈现了一种新的创作方法，这使得《纪实与虚构》在20世纪90年代的文坛上十分引人注目。

在三十多年的创作过程中，王安忆不断地开拓着创作思路和方法，使作品体现出不同的主题和风格。然而，对"上海"的书写始终是她最突出的一个成就，她的多部作品都与上海有着各种各样的联系，她用文字构建了一个属于自己的独一无二的"上海世界"。

首先，王安忆注重讲述上海"弄堂"里的平凡人生。王安忆笔下的人物都是生活在"弄堂"里的普通人，无论政治风云如何变幻，社会风波如何翻滚，外面的世界如何变化，他们依然故我，似乎再大的变故也与他们的生活无关。当事情发生在自己头上时，他们也会抗争，抗争不过，便继续生活，并尽可能让生活变得舒适安逸。对他们来说，没有比生活下去更重要的事了，抛开一切外在的东西，生活便是他们的唯一，他们抓住了生命最本色、最永恒的内容，这或许就是平凡百姓的人生智慧。

对一般的上海人来说，生活就是与"弄堂"联系在一起的，没有"弄堂"就没有生活。"弄堂"已不仅仅是一个单纯的栖息之地，更成为了普通上海人的心灵收容所，他们平凡而脆弱的心灵就寄居在"弄堂"里。因此，在王安忆笔下，"弄堂"成了上海的象征，这里凝聚了上海人最本质的精神特征，凝聚了上海文化的精髓。"弄堂"成为王安忆小说中最重要的文化符号。

其次，王安忆写出了日常生活的精细与美好。日常生活是平庸的，那些弄堂里的家长里短就更加琐碎，但王安忆却从这一点一滴中发现了生活的美，发现了上海的美。在《流逝》中，她将

琐碎 suǒsuì
细小而繁多。

若即若离 ruòjí-ruòlí
好像接近，又好像不接近。形容跟人的关系不太紧密。
若：好像；即：接近。

微妙 wēimiào
深奥玄妙，难以琢磨。

弄堂 lòngtáng
巷；弄。

安逸 ānyì
安闲舒适。

"弄堂"与上海人的生活有什么联系？

栖息 qīxī
停留；休息（多指鸟类）。

平庸 píngyōng
寻常而不突出；平凡。

家长里短 jiācháng-lǐduǎn
指家庭日常生活琐事。

笔触深入到女主人公的日常生活中，不厌其烦地描写了她为了养家而带小孩、织毛线、当工人的种种场面。主人公在精打细算中体会生活的滋味，而读者也在精打细算中品味到了生活的质感。《富萍》中的女主人公则穿梭于"淮海路"和"梅家桥"之间，吃些鱼翅羹、奶油布丁，过年时磨水磨粉、摊蛋饺，还要和亲朋一起去"大世界"玩。小说没有什么特别的故事，只是写出了上海人那种无论何时都追求"精致"的生活态度和特有的生活情调，其实生活情调本身就是上海人最大的故事。然而，王安忆并不沉溺于对琐碎的日常生活的迷恋，她更看重的是发现这其中被遮蔽的复杂人性；同时，她还在日常生活中构建着自己对历史的想象，她把"历史"溶解到具体的生活中去。正如她所说的那样："历史是日复一日、点点滴滴的生活的演变……无论多大的事件，到小说中，都是真实的、具体的日常生活。"①

再次，王安忆描写了一系列血肉丰满的女性形象，她们就像一个个美丽的上海"精灵"。王安忆笔下的上海女性都是普通人，无论是王琦瑶、郁晓秋和富萍这样的上海弄堂里的小家碧玉，还是奶妈和佣人这些历经世事变化的老妇人，尽管遭遇不同，性格各异，但她们都能够以柔情和坚韧来面对现实，以美丽和智慧赢得生活。她们的生存智慧在于不是固执地与苦难硬碰硬，而是懂得在一定程度上顺应生活，守住自己的小天地，看尽繁华而能安于现状。她们非常认真地生活，她们很计较，很讲究，因而也很精致；她们热爱香水，热爱画报，热爱时装；她们有时慵懒，有时勤奋；她们时而流露出妩媚的小儿女情态，时而闪烁出圣洁的母性光辉。她们是"上海女人"，上海也是她们的化身。王安忆笔下的上海故事正是通过一个个女性讲述的，从某种意义上说，抓住了女性，也就抓住了上海的本质。这是王安忆的智慧，也是王安忆的贡献。

虽然自中国近代以来，作家们就没有停止过对上海的书写，尤其是现代作家张爱玲已经将"上海"写得刻骨铭心，但王安忆在继承了张爱玲对世俗生活的偏爱和对人性的探究的同时，更发

---

① 王安忆《王安忆说》，长沙：湖南文艺出版社，2003年9月。

> **不厌其烦** búyàn qí fán
> 不嫌烦琐与麻烦，形容耐心。
>
> **精打细算** jīngdǎ-xìsuàn
> （在使用人力、物力上）仔细地计算。
>
> **摊** tān
> 摆开；铺平。
>
> **沉溺** chénnì
> 陷入不良境地（多指生活习惯方面），不能自拔。
>
> **溶解** róngjiě
> 融化。
>
> **精灵** jīnglíng
> [名]鬼怪；[形]机警聪明；机灵。
>
> **小家碧玉** xiǎojiā-bìyù
> 指小户人家的年轻美貌的女子。
>
> **慵懒** yōnglǎn
> 困倦；懒。
>
> **妩媚** wǔmèi
> 形容女子、花木等姿态美好可爱。
>
> 王安忆在小说中是如何书写上海的？

扬和延展了张爱玲小说对日常生活意义的肯定。而且，王安忆不再像张爱玲那样苍凉而忧郁，而是更多地展现人们永不消退的生活热情、不甘平庸的积极精神和力图改变命运的执着与努力。这是王安忆对张爱玲的超越，更是她延续"上海"书写的意义和价值的。

苍凉　cāngliáng
凄凉。

消退　xiāotuì
减退；逐渐消失。

第二节　《长恨歌》

本节主要分析《长恨歌》的故事内容及其艺术成就。

长篇小说《长恨歌》创作于 1995 年，是王安忆的重要代表作之一。小说讲述了主人公王琦瑶四十多年的情爱变迁，同时也展示了上海这座城市自 20 世纪 40 年代到 90 年代巨大而深刻的变化。

小说分为三部。第一部描写了王琦瑶颇具传奇色彩的上海故事。王琦瑶凭借自己美丽的外表、温婉的气质，再加上程先生的帮助，成功地登上了《上海生活》的封面；接下来又在程先生和蒋丽莉母女的帮助下参加了"上海小姐"比赛，获得"三小姐"的称号。之后，19 岁的她成为当时的军政要人李主任的情妇，搬进了爱丽丝公寓。但她和李主任的生活并不十分完满，常常是聚少离多。后来，李主任在战争中坠机身亡，王琦瑶带着李主任留给她的金条远去外婆家。而一直深爱着王琦瑶的程先生对这一切一无所知，依然满世界地寻找着她的身影。

温婉　wēnwǎn
温柔和婉；和蔼。

第二部继续讲述着王琦瑶的故事。王琦瑶住在邬桥外婆家，日子表面上平淡似水，但她内心的情感却从未平息。她遇到了把她当成童话的懵懂少年阿二，然而她对年少的阿二终究没有产生真正的爱情。后来，王琦瑶由邬桥重回上海，当了护士。此时，康明逊与萨沙等人的出现，又给她带来了另一段悲剧人生。康明

懵懂　měngdǒng
糊涂；不明事理。

中国当代文学

逊和她两情相悦，但因康明逊父亲的反对，两人不能在一起。她怀了康明逊的孩子，康明逊又无法负责，她只能独自面对这一切。王琦瑶略施小技，想把孩子"爸爸"的名分"嫁祸"于爱着她的萨沙，但萨沙也是情场老手，当察觉到自己是王琦瑶的"备胎"时也离她而去。在王琦瑶最困难的时候，又是程先生帮助了她，王琦瑶无以为报，试图以身相许，但程先生看重的却是她的真心。程先生于1966年夏天自杀，从此结束了他旧上海的遗梦，也结束了他与王琦瑶的情缘。

第三部讲述了20世纪80年代中国改革开放后王琦瑶女儿薇薇的故事和王琦瑶自己的人生结局。薇薇嫁给了心爱的男人，并到美国学习、生活，而王琦瑶在旧上海的故事又被一些好事者不断提起，她频繁地被人请进年轻人的聚会，她"总是很识时务地坐在一边，却为聚会添一笔奇色异彩"。在聚会中，26岁的老克腊爱上了王琦瑶身上的旧上海风情，然而，两人的畸恋最终以老克腊的退出而结束。王琦瑶不甘心，甚至想用当年李主任留下的一盒金条来挽留老克腊的心，不料最后却为保护那盒金条而死在了来抢劫的"朋友"长脚手上。

《长恨歌》问世后受到读者的普遍喜爱，小说于1998年获第四届上海文学艺术奖，2000年获第五届"茅盾文学奖"。"茅盾文学奖"的评语写道："《长恨歌》以委婉有致、从容细腻的笔调，深入上海市民文化的一方天地；从一段易于忽略、被人遗忘的历史出发，涉足东方都市缓缓流淌的生活长河……一种具有普遍意义的人间情怀洋溢在字里行间，渐渐地浸润出了那令人难以释怀的艺术的感染力。"①的确，王安忆的《长恨歌》有着深厚的思想文化内蕴和非凡的文学艺术成就。

首先，《长恨歌》通过描写王琦瑶传奇的一生，刻画了一位生动鲜活的女性形象，显示了上海女性特有的品味和气质。王琦瑶不仅有着独特的个性，还具有上海女性某些群体性的共同特点。她是上海弄堂里走出来的既普通又典型的女孩，既聪明过人、精致美丽，又坚定地面对生活，这些都是上海女人的特点。从拎着

---

① 引自《人民日报》海外版，2000年11月20日，第七版。

两情相悦 liǎngqíng-xiāngyuè
形容双方对彼此都有好感。

略施小技 lüèshī-xiǎojì
稍微运用小小计谋。

嫁祸 jiàhuò
转移（罪名、损失、负担等）。

以身相许 yǐshēn-xiāngxǔ
通常指女子将全部的情感、身心奉献给心爱的男子。

识时务 shí shíwù
能认清当前的重大事情或客观形势。

《长恨歌》讲述了一个什么样的故事？

难以释怀 nányǐ shìhuái
无法放弃，无法割舍。指某件事总是压在心里，放不下也忘不了的意思。

非凡 fēifán
超过一般；不寻常。

为什么说王琦瑶显示了上海女性特有的品味和气质？

荷叶边的花书包的女学生，到"沪上淑媛"，再到"上海小姐"，王琦瑶凭借的是上海女孩的聪慧与勤奋。李主任死后，王琦瑶不得不一个人跑到外婆家，她虽然没有出路，但顽强地生存了下来。等她再次回到上海，住进平安里三十九号，并在弄堂口挂起了护士牌子时，已经完全被上海的市井精神浸润，明显成熟了。在与康明逊艰难的爱情中，王琦瑶保持了上海女性的聪颖与精细，面对命运的打击，她再一次以世俗的智慧向俗世挑战，表现出坚定的勇气。而在20世纪80年代上海的舞会中，王琦瑶与摩登青年的忘年恋，终于使她的聪慧与忍耐开始坍塌，并由失控带来最终的精神崩溃。王琦瑶的人生意义在于，她与几个男人的情义离合都是她细心经营、精心追求的，而上海的发展变化也在无情地改变着包括王琦瑶在内的每一个人的命运。就像小说里所说的那样："上海弄堂里，每个门洞里，都有王琦瑶在读书，在绣花，在同小的姊妹窃窃私语，在和父母怄气掉泪。上海的弄堂总有着一股小女儿情态，这情态的名字就叫王琦瑶。"王琦瑶与上海这座城市是融为一体的，也正是在对这样的王琦瑶式的女子的刻画中，体现出了作家的深刻。

其次，《长恨歌》平铺直叙的叙述方式和丰富详尽的细节描写使小说独有情调。小说开篇便展示了弄堂、闺阁、鸽子、流言、王琦瑶式的女人等典型的上海景象，没有跌宕起伏的情节，也没有华丽的词语和刻意渲染的场面，一切都是不紧不慢地娓娓道来。但王安忆非常注重对每一个细节的详尽描写，从而使整个作品丰富起来。王安忆笔下的"弄堂"，不是单纯的地理空间，而是有着人的体温和特质的，它"是性感的，有一股肌肤之亲的。它有着触手的凉和暖，是可感可知，有一些私心的"。还有那些"繁衍至今，什么都尽收眼底"的鸽子，它们不仅是上海发展的见证，更是伴随着城里的市民一起生活的一分子。当然，最重要的是那些"把时代精神披挂在身上，可说是这城市的宣言一样"的王琦瑶们，所有这一切都是上海最平凡、最常见的基本元素。王安忆不惜笔墨地追求每一个细节的完美，让自己对上海的各种感触尽情地渗透在这些生活细节里面。这种叙述方式以及由此形成的情调

淑媛　shūyuán
出身优越或美好的女子。

顽强　wánqiáng
坚强；强硬。

市井　shìjǐng
街市；市场。

浸润　jìnrùn
渐渐渗入；滋润。

忘年恋　wàngniánliàn
年岁差别大、行辈不同的恋爱关系。

坍塌　tāntā
（山坡、河岸、建筑物或堆积的东西）倒下来。

崩溃　bēngkuì
指人因过度的刺激或悲伤，超过了本人的心理承受极限而彻底的情绪失控，绝望，无法自制。

窃窃私语　qièqiè-sīyǔ
私下里小声交谈。

怄气　òuqì
闹别扭，生闷气。

平铺直叙　píngpū-zhíxù
说话或写文章时不讲求修辞，只把意思简单而直接地叙述出来。铺：铺陈；叙：叙述。

跌宕起伏　diēdàng qǐfú
音调抑扬顿挫或文章富于变化。

娓娓道来　wěiwěi dàolái
从容地，很自然地述说；也指不停地说，形容谈论不倦或说话动听。

肌肤之亲　jīfū zhī qīn
指肌肤之间的相互接触，常被用于指男女之间发生的性行为，包括抚摸、拥抱、接吻等。

尽收眼底　jìnshōu yǎndǐ
把景物全部看在眼里。

中国当代文学

是《长恨歌》所特有的。细节的精致是上海这座城市的独特魅力，也是《长恨歌》的魅力所在。

再次，《长恨歌》所弥漫着的浓郁的生活气息使小说具有一种独特的亲和力与感染力。小说中所有的人和事，都充满了上海特有的生活气息。王琦瑶就是"和我们日常起居有关，使我们想到婚姻、生活、家庭这类概念"的三小姐，竞选"上海小姐"时，她缝制衣服"鸡蛋里挑骨头，一个针脚不许错"；到20世纪80年代时她依旧"对一件衣裙的剪裁、缝制细致入微到一个洞，一个针脚"，"针脚大的误差也逃不过她的眼睛"。而严师母将日常生活概括为吃和穿，认为吃是做人的"里子"，穿是做人的"面子"，这也很能说明为什么王琦瑶那样重视衣服的剪裁，这都是上海人"做人"的法则。在这些小人物的日常生活中，吃饭穿衣、打麻将、围炉游戏、猜谜语、打针吃药，是过日子最常态的事情；盐水虾、葱烤鲫鱼、芹菜豆腐干、蛙子炒蛋是可口清爽的家常菜；蛋饺、糖年糕、炸春卷、核桃仁、松子糖是不断翻新的下午茶点；白色滚白边的旗袍，柚木家具和打蜡的地板，弄堂风里夹杂的油烟和泔水味，几个姨娘说的东家坏话，隔壁的留声机里哼唱的四季调，叫卖桂花粥的梆子，理发店里飘出的洗发水、头油和头发焦糊味……这些都是弄堂日子的真实形态，而整部《长恨歌》也正是在对这种生活的一个个细节的描写中，展示了一幅上海市民日常生活的真实而富有诗意的画卷。

王安忆的小说着眼于普通上海人最平凡琐碎的市井生活，挖掘出支撑上海这座现代化大都市的精神动力，并由此丰富了以都市文化为主要内容的"海派"小说的审美意蕴。

> 《长恨歌》描写了哪些独特的"上海元素"？
>
> 鸡蛋里挑骨头　jīdàn li tiāo gǔtou
> 比喻故意挑毛病。
>
> 细致入微　xìzhì rù wēi
> 比喻做事非常仔细、认真，也指对人体贴关心，无微不至。
>
> 东家　dōngjia
> 旧时受雇佣或聘请的人对他的主人的称呼。
>
> 《长恨歌》描写了哪些上海市民的日常生活？

【文化注释】

1. 鸳鸯蝴蝶派　Yuānyāng Húdié Pài

发端于20世纪初上海"十里洋场"的文学流派，以才子佳人相悦相恋的言情小说创作为主，大部分作品有浓重的商业性和媚俗性，代表作家有徐枕亚、包天笑、张恨水、秦瘦鸥等。

2. 新感觉派　Xīn Gǎnjué Pài

20世纪30年代风靡于上海的一个文学流派，以上海都市生活为主要描写对象，小说善于运用现代主义创作手法，表现都市生活的摩登奢靡及现代文明对健康人性的迫害，代表作家有施蛰存、刘呐鸥、穆时英等。

一、讨论

1. 王琦瑶是一个什么样的人物形象？

2. 《长恨歌》中描写了哪些上海景观？有什么特色？

3. 为什么王琦瑶能得到众多男性的追求和爱慕？

4. 中国人为什么称上海为"十里洋场"？

二、练习

1. 填空

（1）王安忆用文字构建了一个属于自己的独一无二的"＿＿＿＿世界"。

（2）小说《长恨歌》着力描写了女主人公＿＿＿＿的传奇一生。

（3）《长恨歌》展示了上海这座城市自20世纪＿＿＿＿年代到＿＿＿＿年代巨大而深刻的变化。

2. 判断对错

（1）对上海的书写是王安忆最突出的文学成就之一。　　　　　　（　　）

（2）王安忆注重讲述上海"弄堂"里大人物的传奇人生。　　　　　（　　）

（3）《长恨歌》在写人的同时，也大量描画了上海市民的日常生活。（　　）

（4）《长恨歌》于2000年获得了"茅盾文学奖"。　　　　　　　（　　）

（5）王安忆把对上海的讲述重点放在对男性的刻画中。　　　　　（　　）

3. 为下列词语选择正确的解释

第一组：

（　　）妩媚　　　　　　A. 深奥玄妙，难以琢磨

（　　）安逸　　　　　　B. 形容女子、花木等姿态美好可爱

（　　）私心　　　　　　C. 安闲舒适

（　　）微妙　　　　　　D. 为自己打算的念头

> 第二组：

( ) 家长里短　　　　A. 私下里小声交谈

( ) 窃窃私语　　　　B.（在使用人力、物力上）仔细地计算

( ) 两情相悦　　　　C. 指家庭日常生活琐事

( ) 精打细算　　　　D. 形容双方对彼此都有好感

三、小结

学完这一课，你有哪些收获？

_____

_____

_____

_____

四、课外阅读指导

1. 在"海派"作家中，张爱玲的小说描写了民国（1912—1949）时期的"上海故事"，值得一读，比如《沉香屑：第一炉香》《十八春》《倾城之恋》等。

2. 在当代"海派"小说家中，除王安忆之外，安妮宝贝的《告别薇安》《八月未央》《彼岸花》等小说也独具特色并深受年轻读者的喜爱，建议你阅读。

第七讲

孙犁的散文

一 学习目标

1. 了解孙犁的创作情况

2. 分析孙犁散文的艺术价值与特色

3. 体会中国传统散文含蓄、节制的抒情方式

二 关键词

孙犁；散文；《亡人逸事》

三 预习思考

1. "天作之合"是什么意思？

2. 你眼中的中国旧式婚姻有什么特点？

第一节 孙犁创作概述

本节首先介绍孙犁的创作概况，然后介绍他的创作特色和文学史价值。

孙犁原名孙树勋（1913—2002），祖籍河北省安平县。1936年，孙犁离开家乡，来到白洋淀边的同口镇小学教书。白洋淀美丽的自然风光和当地人民善良、勤劳的美好品德深深地感染了青年孙犁，成为他日后文学创作的源泉。1937年抗日战争爆发，孙犁投身共产党领导的抗战工作，并开始文学创作。1949年新中国成立以后，孙犁来到天津，在《天津日报》做编辑。孙犁的一生经历了抗日战争、解放战争和文化大革命的不安与动荡，又经历了新时期的和平与安定，在不同的历史阶段，他一直用自己的笔对时代和社会进行细致的描绘，对人生进行深刻开掘。

孙犁的创作可以分为两个阶段，第一阶段是从1937年抗日战争开始到1956年。这一时期的代表作有小说、散文合集《白洋淀纪事》，以及小说《风云初记》《铁木前传》等。孙犁的小说主要描写了抗日战争和解放区的生活，通过普通人的命运，书写战争年代里美好的人情和人性，所选题材往往是生活中的小事，却表现了中国人民在战争年代里依然留存的浪漫情怀、理想主义精神和乐观的生活态度。在艺术上，孙犁的小说有散文化的结构、诗化的语言和意境，读来像是在欣赏一幅中国画，清新朴素，充满了诗情画意。收入《白洋淀纪事》的短篇小说《荷花淀》是孙犁最广为人知的作品之一。后来，有不少当代青年作家追随孙犁的写作风格，形成一个小说流派，就称为"荷花淀派"。

诗情画意 shīqíng-huàyì
诗画一般的美好意境。

1956年起，孙犁一病十年。接着到来的"文革"对孙犁来说又是一场无情的噩梦，创作几乎完全荒废了。1976年"文革"结束至90年代中期，是孙犁创作的第二个阶段，这一时期的主要成就在散文，孙犁先后出版了《晚华集》《远道集》《陋巷集》《曲终集》等十部散文集。在这些散文中，孙犁沉入了对历史、社会的深刻思考。晚年的孙犁更感受到了时代的改变、人际关系的改变、

荒废 huāngfèi
不利用；浪费（时间）。

生活境遇的改变，所以他晚年的散文更加厚重、深刻。与此同时，孙犁始终如一地追忆着、描写着中国普通百姓美好的人情和人性。他晚年的散文根植于自己半个多世纪的人生经历，融入了中国悠久的文化精髓，无论在思想上还是艺术上都取得了很高的价值，至今读来仍然令人感动。

从内容上看，这些散文大致可以分为三类，第一类是对往事、故人的追忆，如《乡里旧闻》《亡人逸事》《记春节》《远的怀念》《谈赵树理》《夜思》等。晚年的孙犁常常回忆自己坎坷的一生，回忆故乡难忘的人与事，怀想在动荡的岁月里，那些受尽折磨的战友和苦难中相互扶持的故人。《乡里旧闻·度春荒》里，孩子们为了填饱肚子而想尽各种办法弄吃的，虽然生活很是艰辛，但是童年没有烦恼，无论是挖野菜还是偷麦苗，都充满童真童趣。《乡里旧闻·大嘴哥》里，来"我"家帮忙做活儿的大嘴哥纯朴而善良。他虽然沉默寡言，与同龄的"我"也"很少在一块儿玩玩谈谈"，但为人正直而坚强。抗日战争时期，他为了保全"我"们一家而受到敌人的殴打，是"我"一家子的救命恩人。世事变迁，老年的大嘴哥成了独居老人，"我"将手上仅有的十元钱托老家的侄子捎给他。十元钱或许微不足道，却饱含着"我"对大嘴哥生活境遇的同情和对故人的深深眷恋。《记春节》写"我"童年时最期盼的春节活动是贴对联、竖天灯、搭神棚、放鞭炮，充满无限的乐趣；25岁之后，战争、革命不断，春节也过得动荡不安；老年之后，生活平静了，但因为住进了楼房，连听孙儿们放鞭炮的乐趣都没有了。年老体衰的"我"也不可能再像儿时那样，在除夕之夜为新年守岁，而是像平常一样八点钟就躺下。当"我"听到午夜的鞭炮声时，难免感叹人事的变迁。散文表达了作者对往事、故人的不舍和对幸福生活的向往，对时间流逝、人生苦短的感慨，以及人到老年怀想从前时的孤独、悲凉与无奈。

第二类是对社会和人生的思考，如《芸斋琐谈》《谈理解》《谈闲情》《谈赠书》等。这些散文中有许多幽默的调侃和犀利的讽刺，展现了孙犁渊博的学识和清晰的逻辑思维。它们告诉读者，孙犁不只是一个心思细腻、文风清雅的作家，同时也是敢于针砭时弊

的知识分子，有着强烈的社会责任感和使命感。在《谈赠书》中，孙犁就讽刺了那些为了沾点儿小便宜而宣称自己热爱书籍、虚情假意索要赠书的人。他们玷污了作者对书的感情，将书赠与他们是对书籍的侮辱。

第三类是文艺评论性短文，如《耕堂读书记》《书衣文录》等。在这些散文集里，孙犁记录了自己多年读书的心得、对书中观点的评析和对一些文学现象的看法。如《耕堂读书记》中的《庄子》一篇，借对《庄子》的理解，阐述了对"现实主义"和"浪漫主义"的看法，强调"浪漫主义"要根植于"现实主义"，而不是凭空捏造；在《陆机〈文赋〉》中，作者表明了对《文赋》的欣赏，并再次强调文章要从亲身体验出发。《书衣文录》一书中的文章用文言文写成，原本是写在书皮纸上的文字，或记录书得来的过程，或简短介绍书的内容，如《太平御览》《儿女英雄传》等，很有特色。

孙犁的散文在看似平和的叙述背后，是触人心弦的深沉情感。孙犁注重散文的真情实感，认为散文不像小说、戏剧那样可以虚构情节，发挥作者的想象力；散文的内容一定要具有真实性，一定要是作者亲身经历的事件，表达的是作者真实的想法和真实的情感，只有这样，才能真正打动读者。孙犁的散文，写人，则写真实的故事，情感节制而深沉；写理，则写真实的事件和想法，不虚伪，不掩饰。

在语言上，孙犁的散文和他的小说一脉相承。文字朴实，准确简洁，干净凝练，却扣人心弦，往往能够洞穿读者的内心，有强烈的艺术感染力。

孙犁的散文很注重细节和环境描写，在环境描写中凸显人物的个性特征；善于运用小说的白描技法进行景物或场面描写。此外，孙犁的散文中常常出现人物对话，以再现情境，使散文具有"情节"，更加生动而有趣。

虚情假意 xūqíng-jiǎyì
用虚假的情义待人，装着对人热情，不是真心实意。

玷污 diànwū
弄脏；使有污点（多用于比喻）。

阐述 chǎnshù
论述。

捏造 niēzào
假造事实。

一脉相承 yímài-xiāngchéng
由一个血统或一个派别传下来。

扣人心弦 kòurénxīnxián
形容诗文、表演等有感染力，使人心情激动。

白描 báimiáo
中国画技法名。是用墨线勾描物象，不着颜色的画法；文字简练单纯，不加渲染烘托的写作手法。

孙犁的散文创作有哪些特点？

第二节 《亡人逸事》

本节重点赏析散文《亡人逸事》，分析其艺术价值及抒情特色。

在孙犁追忆故人的散文里，创作于1982年的《亡人逸事》是著名而感人的一篇。"亡人"，指的是作者的原配妻子王氏；逸事，指的是不为大家所知的一些生活小事。这篇不到两千字的散文，充分体现了孙犁所主张的散文一定要有真实性、要有真情实感的原则。作者选取了"亡人"一生中几个真实的事件，虽是小事，算不上轰轰烈烈，却真实感人。本文感情抒发节制，但十分浓郁，语言朴素但感人至深，是孙犁散文中的经典代表作之一。

轰轰烈烈 hōnghōnglièliè
形容声势浩大，气魄宏伟。

《亡人逸事》全文分为四部分，第一部分主要讲述了妻子是怎样嫁给"我"的。在一个雨天，两个媒婆因说媒失败扫兴而归，来到妻子家的门外避雨。而妻子的父亲与其中一个媒婆是旧相识，就聊了起来。巧的是，媒婆在交谈过程中发现，在刚刚失败的那桩亲事里，男方，也就是"我"，很适合这位父亲的女儿。于是一个"雨天"成就了我们的婚姻。这段姻缘，孙犁感慨地称之为"天作之合"。作者在讲述这件事的时候，运用了小说的笔法，生动地再现了媒婆与亡妻父亲对话的情景，使读者身临其境，饶有情趣：

媒婆 méipó
以做媒为职业的妇女。

扫兴而归 sǎoxìng ér guī
指遇到不如意的事情而情绪低落。

天作之合 tiānzuòzhīhé
上天成全的婚姻（多用作新婚的颂词）。

身临其境 shēnlínqíjìng
形容亲身到了那个境地。身：亲自；临：到、进入；境：境界、地方。

"给谁家说亲去来？"
"东头崔家。"
"给哪村说的？"
"东辽城。崔家的姑娘不大般配，恐怕成不了。"
"男方是怎么个人家？"
媒人简单介绍了一下，就笑着问：
"你家二姑娘怎样？不愿意寻吧？"
"怎么不愿意。你们就去给说说吧，我也打听打听。"她父亲回答得很爽快。

孙犁为什么说他与妻子的婚姻是"天作之合"？

第二部分主要讲述了妻子和"我"初次见面时的尴尬场面。

妻子的村里唱大戏，"我"的姑姑为了让"我"与未婚妻见上一面，说了善意的谎言。看戏的时候，姑姑故意让"我"站在未婚妻附近，未婚妻知道之后又是害羞又是恼怒，立刻起身离开，钻进了轿车。这时的妻子还是待字闺中的羞涩少女。结婚多年后，妻子还是恪守礼教，回娘家时坚持让"我"用车将她接回家。在叙述过程中，作者十分注重语言的准确性，如表现妻子害羞恼怒时这样写道："我看见站在板凳中间的那个姑娘，用力盯了我一眼，从板凳上跳下来，走到照棚外面，钻进了一辆轿车。"其中一个"盯"字把妻子当时既兴奋、害羞又紧张的复杂心理充分表现出来。而"跳""走""钻"几个动词的运用，则准确描写了妻子一连串的动作，表现出妻子当时慌慌张张的神态。

第三部分讲述了妻子嫁给"我"之后，从备受娇惯的女孩到吃苦耐劳的坚强母亲的转变。妻子初到"我"家，不适应早起，又干不了重活，很是苦闷。后来，抗日战争、解放战争接连爆发，生活动荡不安，丈夫常年在外，这些都让妻子学会了坚强。她不仅学会了纺线、织布，也下地干农活，一个人担起照顾家庭、父母、子女的重任。她面对生活的苦难，不以为累，不以为苦。细节描写在这一部分发挥了重要作用。作者通过写妻子的手来表现她为生计所做的艰苦努力："我们那村庄，自古以来兴织布，她不会。后来孩子多了，穿衣困难，她就下决心学。从纺线到织布，都学会了。我从外面回来，看到她两个大拇指，都因为推机杼，顶得变了形，又粗、又短，指甲也短了。"大拇指变了形，指甲也短了，这些改变都是多年生活的苦难磨炼出来的。作者虽然没有具体写妻子都做过什么粗活，但从妻子这双变了形的手，读者就已经深刻感受到了她为养育子女、维持生活所付出的一切。

第四部分写的是作者创作这篇散文的原因，并深沉地表达了自己多年来对妻子的感激、歉疚和深深的思念。时光匆匆流逝，往事涌上心头。老朋友、老邻居常常建议"我"写一写去世多年的妻子，但由于"我"一直不愿再提及难过的往事，便一直没有下笔。文中写道：

虽然我们结婚很早，但正像古人常说的：相聚之日少，分离

待字闺中　dàizì-guīzhōng
指女子尚未定亲。字：许配。

恪守　kèshǒu
严格遵守。

与出嫁前相比，妻子婚后有什么变化？

机杼　jīzhù
指织布机。

磨炼　móliàn
（在艰难困苦的环境中）锻炼。也作磨练。

孙犁为什么要写这篇散文？

之日多；欢乐之时少，相对愁叹之时多耳。我们的青春，在战争年代中抛掷了。以后，家庭及我，又多遭变故，直至最后她的死亡。我衰年多病，实在不愿再去回顾这些。但目前也出现一些异相：过去，青春两地，一别数年，求一梦而不可得。今老年孤处。四壁生寒，却几乎每晚梦见她。想摆脱也做不到。

"想摆脱而做不到"的原因，或许是"地下相会"的日期快到了，或许是"我"终于难以控制对亡妻的思念。于是，"我"选择了一些不大感伤的事件，没想到对于这些"逸事"的回忆，却还是加剧了"我"的悲伤。

散文的结尾是全篇最为感人的部分，"在夫妻情分上，我做得很差。正因为如此，她对我们之间的恩爱，记忆很深。我在北平当小职员时，曾经买过两丈花布，直接寄至她家。临终之前，她还向我提起这一件小事，问道：'你那时为什么把布寄到我娘家去啊？'我说：'为的是叫你做衣服方便呀！'她闭上眼睛，久病的脸上，展现了一丝幸福的笑容。"孙犁一生在外奔走，没为妻子多做什么，仅仅一块花布，却足以让妻子感念一生，幸福满足。久病脸上的那一丝微笑，为妻子的一生画上了一个圆满的句号，却触痛了作者的心。

这篇散文的价值主要体现在三个方面：

第一，生动鲜活的人物描写。亡妻，中国传统女性的代表。妻子一生默默地付出，辛勤地劳作，养育年幼的子女，照顾年迈的双亲。她对丈夫的离开从不抱怨，支持丈夫的事业，把家庭当作生命的重中之重。她付出的多，索取的少，对丈夫抱以最大的宽容，容易感动，容易满足。这既是亡妻的品格，也是千千万万中国传统女性的特点，体现了中国传统女性的美好品德。

第二，含蓄而节制的抒情方式。孙犁用中国传统的情感表达方式，于看似平淡的叙述中蕴含着对亡妻浓浓的亲情和刻骨铭心的思念。散文没有用华丽的语言表达浓情蜜意，也没有渲染丧妻之后的心碎和悲伤。在回忆亡妻时，作者没有选择二人曾经面对的生活苦难，以及面对苦难时的怨叹无奈，而只是写了一些看似

四壁生寒　sìbì shēng hán
形容家里冷清，孤独。

《亡人逸事》回忆了妻子的哪几件"逸事"？

妻子是怎样一个人？

重中之重　zhòng zhōng zhī zhòng
指重要的东西里面最重要的部分。

散文运用了怎样的抒情方式？

中国当代文学

无关痛痒的小事，但这些小事却足以看到妻子一生的不易。"就是这样的文字，我也写不下去了。"不需要太多语言，一句"我也写不下去了"就表现了作者难以控制的悲伤。"我曾对孩子们说：'我对你们，没什么责任。母亲把你们弄大，可不容易，你们应该记着。'""我们结婚四十年，我有许多许多事情，对不起她。可以说她没有一件事是对不起我的。"简简单单几句话，已经表露了孙犁对亡妻那说不尽的感激、歉疚与思念。

第三，展现了中国传统旧式婚姻的独特形态，这种婚姻模式是中国传统文化的重要组成部分。在中国旧式婚姻中，虽然夫妻双方在结婚之前都不熟悉、不了解，甚至没见过面，但中国人信天信命，既然结了婚，就要一辈子不离不弃。夫妻间或许没有轰轰烈烈的恋爱，却有浓浓的依恋；或许没有缠绵悱恻的激情，却有相濡以沫的亲情。孙犁与妻子的婚姻就是中国旧式家庭包办而成，一场雨，两个媒人，成就了这门亲事，组成了一个家庭，影响了两个人的一生，是"天作之合"。孙犁的妻子于1970年去世，创作这篇散文时，妻子已经去世12年了，作者自己也已经是一位白发老人。回首一生，孙犁对亡妻还是依依难舍。如果说充满激情的恋爱像酒，刺激浓烈，那么孙犁与妻子之间的感情更像茶——开始淡淡的、涩涩的，但时间越长，那股清香就越纯正，越浓郁，细细品味，味道更加迷人。

无关痛痒 wúguān-tòngyǎng
比喻与本身利害无关或无足轻重。

中国传统的旧式婚姻有什么独特之处？

缠绵悱恻 chánmián-fěicè
形容内心悲苦难以排遣。

【文化注释】

1. **白洋淀** Báiyáng Diàn

   河北省中部的湖泊，景色优美，被称为"华北明珠"。它位于河北省安新县，在孙犁家乡的东北部。

2. **解放区** jiěfàngqū

   推翻了反动统治、建立了人民政权的地区，特指抗日战争和解放战争时期，中国共产党领导的军队从敌伪统治和国民党统治下解放出来的地区。

一、讨论

1. 《亡人逸事》回忆了"我"和妻子的哪些往事？

2. "妻子"是一个怎样的人？中国传统女性有什么特点？

3. 散文结尾写妻子临终前"久病的脸上，展现了一丝幸福的笑容"，你怎么看待这"一丝幸福的笑容"？

4. 孙犁的散文在抒情方式上有什么特点？

二、练习

1. 填空

（1）收入《白洋淀纪事》的短篇小说《_____》是孙犁最广为人知的作品之一。

（2）曾有不少当代青年作家追随孙犁的写作风格，形成一个小说流派，称为"_____"。

（3）1976年"文革"结束至90年代中期，孙犁的主要文学成就是_____。

（4）散文《亡人逸事》创作于_____年。

2. 判断对错

（1）孙犁的很多散文都书写了童年美好的生活，回忆了故乡难忘的人和事，如《乡里旧闻》《远的怀念》《夜思》等。（　　）

（2）孙犁的小说具有散文化的特征，而散文创作也运用了很多小说的笔法。（　　）

（3）孙犁的小说往往通过生活中的大事件，来表现中国人民在战争年代里依然留存的浪漫情怀和乐观生活态度。（　　）

（4）《亡人逸事》展现了中国旧式婚姻的独特形态。（　　）

（5）《亡人逸事》情感表达十分节制，所以作者的感情表达不够充分。（　　）

3. 为下列词语选择正确的解释

第一组：

（　）恪守　　　　　　　A. 不利用，浪费（时间）
（　）荒废　　　　　　　B. 论述
（　）阐述　　　　　　　C.（对自己喜爱的人或地方）深切地留恋
（　）眷恋　　　　　　　D. 严格遵守

第二组：

（　）扣人心弦　　　　　A. 比喻同处困境，相互救助
（　）无关痛痒　　　　　B. 形容诗文、表演等有感染力，使人心情激动
（　）始终如一　　　　　C. 比喻与本身利害无关或无足轻重
（　）相濡以沫　　　　　D. 表示从开始到结束都很专一

三、小结

学完这一课，你有哪些收获？

_____
_____
_____
_____

四、课外阅读指导

1. 如果你喜欢孙犁的散文，你还可以阅读他的散文集《耕堂劫后十种》（包括《晚华集》《远道集》《陋巷集》《曲终集》等十部散文集），这部散文集几乎收录了孙犁所有的散文作品，可以让你进一步感受孙犁散文的魅力。

2. 孙犁的小说创作也取得了很大的成就，长篇小说《风云初记》和《铁木前传》都是他的代表作，而短篇小说《荷花淀》最能代表他的小说风格，这些作品都具有很高的艺术价值，值得欣赏。

第八讲

贾平凹的散文

一　学习目标

1. 了解贾平凹的创作情况

2. 分析贾平凹散文的艺术价值和特色

3. 分析"小桃树"的象征意义

二　关键词

贾平凹；"商州"；《一棵小桃树》

三　预习思考

1. 你去过陕西吗？你对陕西有哪些了解？

2. 在《一棵小桃树》中，"小桃树"的经历和"我"有什么相似之处？

第一节　贾平凹创作概述

本节介绍贾平凹的创作概况和创作特色，重点分析其小说及散文的艺术价值。

　　陕西有着悠久的历史和深厚的文化底蕴，从秦始皇统一中国到汉唐盛世，这里都曾是中国政治、经济和文化的中心，丝绸之路从这里开始。这片古朴而神秘的土地也孕育了一群充满魅力的作家，贾平凹就是其中的一个代表。贾平凹，原名贾平娃，生于1952年，陕西省商洛市丹凤县人。贾平凹成长在一个并不富裕的农民家庭，他刻苦学习，努力工作，1974年开始发表文学作品。他的作品内容丰富，风格多变，充满了陕西地方色彩，家乡商州的地域风景、民俗风貌、人情欲望在他的作品中一览无余。

一览无余　yìlǎn-wúyú
一眼看去，所有的景物全看见了。形容视野广阔，没有阻碍，把事物或景象都看在眼里，没有遗漏。也作"一览无遗"。览：看；余：剩余。

　　贾平凹的主要文学成就体现在小说和散文上。贾平凹80年代初期的小说既有《满月儿》《雪夜静悄悄》等展现故乡人情人性、书写明丽纯真的乡间生活的作品，又有《亡夫》《年关夜景》等描写虚伪丑陋的人性和充满曲折与坎坷的人生的作品。1984年，贾平凹创作了长篇小说《商州》，接着又相继完成了《天狗》《浮躁》《废都》《秦腔》等作品。这些小说以独特的视角，深刻地表现了20世纪现代化转型过程中中国社会的痛苦和悲壮，展示了芸芸众生的生存状态和心灵世界。他的小说"有情、有色、有腔、有调"。其中，《浮躁》获1987年美国"美孚飞马文学奖"，《秦腔》获2008年第七届"茅盾文学奖"，《古炉》获2011年"施耐庵文学奖"。

　　《浮躁》以主人公金狗一生的坎坷经历为主要线索，展示了在封闭落后的乡镇社会，艰难而又不可逆转的改革图景。小说的题目"浮躁"是对当时中国时代情绪和民族心态的总体概括，具有丰富的思想文化内涵。而《秦腔》的故事发生在清风街。主人公老主任夏天义带领清风街百姓穿越了几十年的风风雨雨，他一生钟爱土地，最终死在了自己的土地上，这暗示着传统农业生产方式的最终结局；新支书夏君亭受过现代教育，能够摆脱传统观

逆转　nìzhuǎn
向相反的方向或坏的方面转变；倒转。

念的束缚，具有现代生产意识和商业意识，他的改革由于种种原因而失败；老校长夏天智钟爱秦腔，视秦腔为生命，但他也只能眼睁睁地看着秦腔走向没落，淳朴的乡风日渐消失。"秦腔"是陕西特有的一种戏曲艺术，声声秦腔贯穿小说始终，承载着秦川大地的文化命脉，为小说增添了神秘厚重的色彩。

在创作小说的同时，贾平凹也创作了大量的散文。他的散文创作资源也来自于家乡商州，同样"有情、有色、有腔、有调"。与小说不同的是，贾平凹的散文在表现世相、展露风情的同时，更具哲理的意蕴，并且更多地反映了作者个人在不同时期的思想情绪与心理状态。

散文《月迹》讲"我"与弟弟妹妹盼月、等月、寻月的情景。中秋之夜，正当孩子们在屋里缠着奶奶讲故事时，月亮进来了，大家都十分兴奋地观察起月亮的变化。月光从屋里来到院子里，大家就寻到院子里，看着满满的圆，想象着月亮上的桂树、嫦娥。月光洒满人间，在葡萄叶上、磁花盆上。淡淡的光，静静的白，一切都那么祥和平静。奶奶为"我"和弟弟妹妹倒上甜酒，每个人的酒杯里就会有一个月亮。"我"在弟弟妹妹的眼睛里也看见了小小的月亮，月亮来到眼睛里，也走进了"我"们的心里。文章清纯优雅，营造了优美、安静、祥和的意境，月亮给"我"们的童年增添了绚丽的色彩，既快乐又神秘。贾平凹的很多散文中都有明显的"童年情结"，童年生活不仅是他一生难以忘怀的美好记忆，而且也与他不断成长成熟的人生经历构成了鲜明的对比，这样的散文还有《一棵小桃树》《鸟窠》等。

贾平凹的另一部分散文书写了中国各地的文化风情，从商州到大漠，再到江南……先后出版了《商州初录》《商州又录》《商州三录》《关中游品》《陕南游品》《陕北游品》《南国游品》等散文集。这些散文着眼于民俗风情，从风情看文化，看一个地方的人文精神特质。如《黑龙口》，在通往商州的路上，黑龙口一直是旅人所期待的圣地，仿佛到了黑龙口，饱受旅途劳顿的人们就可以被拯救。实际上，"黑龙口"只是一个极小极普通的镇子，但这个镇子却独具风情，特别是有很多小铺子，如茶铺、油粉摊、豆腐担、

淳朴　chúnpǔ
诚实朴素。

世相　shìxiàng
世间百态，社会变幻。

"我们"是怎样寻找"月迹"的？

意境　yìjìng
文学艺术作品通过形象描绘表现出来的境界或情调。

窠　kē
鸟、兽、昆虫的窝。

圣地　shèngdì
宗教徒称与教主生平事迹有重大关系的地方；指具有重大历史意义和作用的地方。

劳顿　láodùn
劳累。

拯救　zhěngjiù
救。

中国当代文学

柿子、核桃、苹果、栗子、鸡蛋、麻花……还有热情友好的小商贩，闹闹嚷嚷。他们的东西很便宜，服务态度也很好，让游客感受到淳朴的商州民俗风情。

贾平凹还有一部分散文则着重通过展现当今社会的人生百态来叩问人的灵魂。《祭父》一篇讲述了父亲辛勤劳作、默默付出的一生。父亲幼年生活艰苦，挣扎度日；成年后为了支持家庭、抚育子女而辛苦奔波；人到老年又要帮助子女照顾家庭；等到子女安顿，该安享晚年时却撒手人寰。文章展现了父亲正直、善良、坚强的人格，揭示了时代社会的变迁给个人带来的巨大影响，让读者从中体会到人情世态的五味杂陈。《说孩子》一篇，写出了现在许多成年人在教育孩子时存在的问题，如为儿女设计好未来、苛求儿女按照自己的想法行事等。文章还讽刺了那些时时刻刻都在谈论儿女、将儿女作为生活全部的女性，表达了作者对当前教育现状的不满，对尊重每一个个体的渴望，体现了他对社会问题的关注，散文风格深沉老成。

叩问 kòuwèn
指打听、询问。

撒手人寰 sāshǒu-rénhuán
指离开人世，即死亡。

五味杂陈 wǔwèi-záchén
各种味道混杂在一起，形容感受复杂而说不清。

苛求 kēqiú
过严地要求。

第二节 《一棵小桃树》

本节重点赏析散文《一棵小桃树》，分析其主题，介绍象征、拟人等修辞手法的运用。

80年代初，贾平凹的创作逐渐走向成熟，对社会人生的思考也更加深入。他的思想不再如以往那样单纯明朗，而是走向复杂和疑虑。思想的转变也体现在创作中，作品风格发生了变化，呈现出重重迷茫和忧伤。而社会和评论界对贾平凹的转变一时难以理解，嘈杂的指责和批判声汹涌而来。贾平凹内心一度陷入了难以自拔的痛苦。就是在这样的心境下，1981年3月，贾平凹写下了《一棵小桃树》这篇散文。

"一棵小桃树"不仅仅是"一棵小桃树"，它是坚强、美好的

迷茫 mímáng
广阔而看不清的样子；（神情）迷离恍惚。

嘈杂 cáozá
（声音）杂乱；喧闹。

汹涌 xiōngyǒng
（水）猛烈地向上涌或向前翻滚。

难以自拔 nányǐ zìbá
身陷某事之中无法控制自己。

象征。在"我"面对生活的苦难时，小桃树给了"我"希望，是"我"的精神支柱。小桃树瘦弱、委屈、不起眼、被忽略等特点与"我"是那么相似，让"我"忍不住对它怜爱有加。小桃树自强自爱和不畏强暴的精神，小桃树顽强的生命力，给了"我"继续向前的信心和勇气。

　　文章分为三部分。第一部分介绍了写作缘由。春天里的一个黄昏，雨越下越大。"我"原先还在享受着淅淅沥沥的春雨，让雨湿着"我"的头发，甚至想去田野里踏青，但雨下了一整天，全然没有春天的温柔。"我"关上门，在窗前坐下，眼见"我"的小桃树在风雨中飘摇，桃花一片一片地飘落。这样的情景让"我"想到自己的处境：在外界的非议中，情绪低落，内心痛苦。联想到此，顿生怜惜，忍不住拿起笔来，要为"我"和"我"的小桃树写一篇文章。

　　第二部分讲述了"我"与小桃树的故事。小时候，一个秋天，"我"和小朋友们一起玩，奶奶从集市上回来，带给"我"们每人一个桃子，她说：都吃下去吧，这是一颗"仙桃"，含着桃核儿做一个梦，谁梦见桃花开了，谁就会幸福一生。可"我"却怎么都睡不着，心想梦是做不成了，但又有些不甘心，于是爬起来，将那颗桃核儿埋在了院子的角落里，想让它在那继续自己的梦。然而，"我"却渐渐忘记了那颗桃核儿，直到第二年春天，奶奶扫院子时无意中在角落里发现了它。它竟破土而出，长出了嫩嫩的绿苗。但是它长得很委屈，很瘦弱，似乎一碰，就会立即被折断。大家都笑话它，连奶奶也不看好它的未来。只有"我"坚定地相信，它一定会开花结果。但小桃树终究是不大招人喜欢，也不大引人注意。爷爷悉心照顾着自己美丽的盆景，却从来不关照"我"的小桃树。小桃树默默地生长着。后来，"我"离开了家，去外地求学，日益成熟，有了大事业，但也常常遭遇挫折。面对坎坷，"我"的脾气越来越坏，心境越来越差。而奶奶去世的消息更让"我"备感人世的孤独。"我"回到故乡，没能赶上看奶奶最后一眼，奶奶已经下葬了。回想着奶奶生前的样子，"我"不禁留下了眼泪。天黑了，"我"呆坐在窗下，一抬头，却看到了"我"的小

为什么说小桃树是坚强、美好的象征？

不畏强暴　bú wèi qiáng bào
不惧怕强权和凶暴的势力，坚持正义斗争。

缘由　yuányóu
原因。

踏青　tàqīng
清明节前后到郊外散步游玩。

写《一棵小桃树》时，作者的心情怎么样？

悉心　xīxīn
用尽所有的精力。

中国当代文学

桃树。物是人非，爷爷的盆景也早已荒废，可小桃树依然努力地生长着，撑着的枝条已经有院墙高了。在众人都嫌弃它时，是奶奶执意将它留下，给它浇水，悉心呵护。小桃树、奶奶，"我"身在他乡，为了前途而忙碌时，却把你们都淡忘了，但奶奶却默默地照顾着小桃树，默默地惦念着"我"。小桃树就像一个精灵，连接着"我"与奶奶的心，连接着"我"与家庭、亲人的爱。奶奶去世了，"我"连最后一面都没有见到，"我"深深地懊悔，但是已经来不及，再也没有机会去弥补这个遗憾。这时，"我"才发现，自己多年来离家在外，为了事业和理想而奔波，却忽略了人生中最重要的部分，那就是家庭和亲人，"我"感到无比歉疚。

散文的第三部分写风雨里的小桃树给了"我"希望和信心。小桃树的花开得如此弱小，颜色如此惨淡，比不上终南山下的夹竹桃花，也比不上马嵬坡前的水蜜桃花。小桃树的花像患了重病的少女一样苍白、柔弱，就那样孤独地开着，无人问津，就连蜜蜂和蝴蝶也不去理睬它。更糟糕的是，今天，小桃树又遭到了风雨的摧残，眼看就支撑不住了。"我"心里呼唤奶奶，既是呼唤奶奶来照顾瘦弱的小桃树，也是呼唤奶奶给孤独痛苦的自己带来温暖和安慰。奶奶呵护小桃树，就是在呵护"我"的梦，呵护"我"受伤的心。但出乎意料的是，小桃树并没有被风雨击垮。它在风雨之中苦苦挣扎，虽然变得赤裸、黑枯，虽然一次次被风吹得俯下身去，但在树顶高高的枝儿上，竟然还有一个即将绽放的花苞，嫩黄的，嫩红的，像风浪里的指示灯，闪烁着光芒！原来小桃树是如此坚不可摧，如此充满生命力！有朝一日，这朵小桃花或许真的会盛开、会结果。小桃树给了"我"希望和信心，给了"我"面对苦难的勇气。

这篇散文最大的特色就是运用了借景抒情的手法。借景抒情是中国散文自古以来的传统。贾平凹将小桃树的外形特点、成长遭遇与自己联系起来，是典型的借"小桃树"抒发自己内心的情感的表达手法。

这篇散文还体现了贾平凹文学创作中经常出现的"童年情结"和"散文小说化"的特点。小桃树勾起了作者美好的童年回忆，

物是人非 wùshì-rénfēi
景物依旧，人的情况却完全不同了。多用来表示对故人的怀念或对世事变化的慨叹。

"我"与小桃树有着怎样的关联？

无人问津 wú rén wèn jīn
没有人来问渡口，比喻无人来探问、尝试或购买。津：渡口；问津：询问渡口。

摧残 cuīcán
使蒙受严重损害。

绽放 zhànfàng
（花朵）开放。

坚不可摧 jiānbùkěcuī
非常坚固，摧毁不了。坚：坚固；摧：摧毁，破坏。

为什么说小桃树鼓舞了"我"？

它是作者童年的一个梦，寄托着作者纯真而美好的童年理想。"奶奶"是童年里的一个重要人物，有"奶奶"，就有家，就有无限的温情。而童年也给作者的人生和创作带来了深远的影响。同时，这篇散文中的时空变换，以及含桃核儿、种桃树、哭奶奶等场面描写都与小说的"情节"非常相似，有故事、有人物，读来像小说一样吸引人。

在艺术上，这篇散文不仅象征意味突出，还运用了拟人的修辞手法。文章这样描写小桃树："啊，它已经老了许多呢，瘦了许多呢，昨日楚楚的容颜全然褪尽了。可怜它年纪儿太小了，可怜它才开了第一次花儿！""它长得很委屈，是弯了头，紧抱着身子的。第二天才舒开身来，瘦瘦儿的，黄黄儿的，似乎一碰，便立即会断了去。""啊，小桃树啊！我该怎么感激你，你到底还有一朵花呢，明日一早，你会开吗？你开的是灼灼的吗？香香的吗？我亲爱的……"作者将小桃树当作人一样来描写，并赋予了它人的情感、思想和灵性，从而将作者自我的情感倾注在了小桃树身上，读来就像在与一位挚爱的伙伴或恋人对话，动情而又感人。

这篇散文是如何借景抒情的？

散文中拟人手法的运用收到了什么样的效果？

倾注　qīngzhù
（感情、力量等）集中到一个目标上。

【文化注释】

1. 秦始皇　Qín Shǐhuáng

前259—前210，即嬴政。首次完成中国统一。秦庄襄王之子，13岁即王位，39岁称皇帝，在位37年。中国历史上首位皇帝。

2. 汉唐盛世　Hàn-Táng shèngshì

西汉和唐代在中国古代社会发展和中华民族形成的历史中占有非常重要的地位。在中国封建社会两千多年的历史长河中，国家统一、文化昌明、武功强盛、国威远播，是汉唐两朝的共同特点。

3. 嫦娥　Cháng'é

中国神话中由人间飞到月亮上去的仙女。

一、讨论

1. 为什么说"小桃树"是坚强、美好的象征？

2. 为什么说"小桃树"就像一个精灵连接着"我"与奶奶的心？

3. 《一棵小桃树》如何运用了"借景抒情"的手法？

4. 在外留学的过程中，你有没有十分想念远方的亲人？你怎样看待亲情与个人前途之间的关系？

二、练习

1. 填空

（1）贾平凹的家乡_____既是他的写作背景，也为他的创作提供了丰富的素材。

（2）贾平凹的文学成就主要体现在_____和_____上。

（3）《浮躁》以主人公_____一生的坎坷经历为主要线索，展现落后乡镇社会的艰难改革图景。

（4）贾平凹的小说《_____》获1987年美国"美孚飞马文学奖"，《_____》获2008年第七届"茅盾文学奖"。

（5）散文《一棵小桃树》创作于_____年。

2. 判断对错

（1）贾平凹的文学创作具有鲜明的湖南地域色彩。（   ）

（2）《秦腔》的故事发生在清风街，主人公是夏天义和夏君亭。（   ）

（3）《月迹》《一棵小桃树》《鸟窠》《黑龙口》这些散文都展现了贾平凹的"童年情结"。（   ）

（4）《一棵小桃树》运用了借景抒情的手法，但是没有用到拟人的手法。（   ）

3. 为下列词语选择正确的解释

第一组：

（   ）悉心　　　A. 诚实朴素

（   ）淳朴　　　B. 使蒙受严重损害

（　　）苛求　　　　　C. 过严地要求

（　　）摧残　　　　　D. 用尽所有的精力

第二组：

（　　）无人问津　　　A. 用于表达对故人的怀念或对世事变化的慨叹

（　　）一览无余　　　B. 无人来探问、尝试或购买

（　　）难以自拔　　　C. 一眼看去，所有的景物全看见了

（　　）物是人非　　　D. 深陷某事中难以控制自己

三、小结

学完这一课，你有哪些收获？

_____

_____

_____

_____

四、课外阅读指导

1. 贾平凹是一位具有旺盛创作力的作家，除了课文中提到的《浮躁》《秦腔》以外，他的《高兴》和新作《带灯》也都有着很高的艺术价值，推荐大家阅读。

2. 在中国当代文学中，"陕西作家群"是一个重要的群体，除了贾平凹外，陈忠实、路遥等也是其中的重要代表，他们以自己不同的方式呈现着陕西特有的地域文化和民俗风情。陈忠实的《白鹿原》和路遥的《平凡的世界》《人生》都是非常有影响的作品，建议大家赏读。

第九讲

余秋雨的散文

一 学习目标

1. 了解余秋雨的创作情况
2. 分析余秋雨散文的文化价值与特色
3. 思考《白发苏州》体现了"文化散文"的哪些特点

二 关键词

余秋雨；文化散文；《白发苏州》

三 预习思考

1. 什么是"文化散文"？
2. 《白发苏州》体现出余秋雨对苏州文化的哪些思考？

第一节 余秋雨创作概述

本节主要介绍余秋雨的创作历程,以及他散文创作的价值和特点。

20世纪80年代,中国文坛呈现出"文化散文"繁荣的局面,许多专家、学者和文化名人纷纷写作散文,并在散文中表现出浓厚的文化意蕴,季羡林、张中行等都是突出的代表,而余秋雨是其中备受瞩目的一位。

备受瞩目 bèishòu-zhǔmù
指很受到别人的关注,是别人关注的焦点。

所谓"文化散文",主要是指学者、教授等知识分子书写他们对人生和历史文化的感悟,进而表达对社会现实问题思考的散文作品。这类散文多取材于具有历史文化内涵的人文景观和自然景观,彰显着作者深切的人文关怀、真挚的人生情感和雅洁的艺术趣味。20世纪上半叶,中国文坛就出现过这样的散文创作,周作人、俞平伯、林语堂、废名、冰心、朱自清、钟敬文、沈从文、钱锺书等,都是文化散文创作的大家,他们的散文展现历史风貌,追寻文化灵魂,体现出深厚的人文情怀,这种风格一直传承到当代,并得到了新的发展。

什么是"文化散文"?

彰显 zhāngxiǎn
鲜明地显示。

余秋雨(1946—),浙江余姚人,1968年毕业于上海戏剧学院文学系,后留校任教,曾任上海戏剧学院院长、上海戏剧家协会副主席等职。自20世纪80年代后期开始,余秋雨陆续在《收获》杂志的"文化苦旅"和"山居笔记"两个专栏上发表散文,并于90年代出版了《文化苦旅》《山居笔记》等散文集,2000年以来又出版了《霜冷长河》《千年一叹》《行者无疆》《摩挲大地》《寻觅中华》等散文集。

余秋雨的代表性散文集有哪些?

《文化苦旅》出版于1992年,是余秋雨20世纪80年代在海内外讲学和考察途中写下的,全书收录了《道士塔》《莫高窟》《柳侯祠》《都江堰》《白发苏州》《江南小镇》《寂寞天柱山》《风雨天一阁》《上海人》等37篇散文,以作者游览全国各地的文化遗迹为线索,以独特的思考和具有震撼力的语言,揭示出中国文化的内涵,追问历史和人生的深层意义。

线索 xiànsuǒ
比喻事物发展的脉络或探求问题的途径。

《千年一叹》以日记的形式记录了世纪之交，余秋雨随香港凤凰卫视《千禧之旅》栏目组跋涉四万公里的所见所闻。在写作过程中，余秋雨在各地探访古堡、神殿、陵墓等文化遗迹和废墟，记录了伊斯兰文明、印度文明、古埃及文明以及希伯来文明的兴衰。该书在阐释历史文化意义的同时，也带给读者一个多姿多彩的世界。

余秋雨的散文始终贯穿着不同的文化主题，将人文情思与历史风物相结合，并充分考虑到大众的接受口味，呈现出独特的艺术风格。

第一，多以历史文化、自然山水为题材，在山水游历中感受厚重的文化积淀，从文化的视角发掘历史背后的深层意义。他在《文化苦旅·自序》中说道："我发现自己特别想去的地方，总是古代文化和文人留下较深脚印的所在，说明我心底的山水并不完全是自然山水，而是一种'人文山水'，这是中国历史文化的悠久魅力和它对我长期熏染造成的，要摆脱也摆脱不了。"余秋雨每到一个地方都会感动于一种沉重的历史气氛，动笔来写道士塔、莫高窟、承德避暑山庄、黄州赤壁、平遥古城、乔家大院、岳麓书院等承载厚重文化内涵的物象，把人、自然、历史融会在一起。例如"夜航船"本来是"南方水乡苦途长旅"的象征，而余秋雨在《夜航船》一文中却发掘出封闭守旧、脱离现实、目光短浅的"夜航船文化"。散文写到，中国古代文人所乘的夜航船"船头的浪，泼不进来；船外的风，吹不进来；航行的路程，早已预定"，船上"谈知识，无关眼下；谈历史，拒绝反思"，而"中国文化的进程，正像这艘夜航船"！再如《寂寞天柱山》一篇，余秋雨不仅写了天柱山石头、流水等自然景观之美，还写出了天柱山"有宗教、有美景、有诗文"的人文之美。正是这两者的结合，使中国古代许多文人都希望在此安家。文章还触及到中国文化的命运和文人的人格等深层次的问题。

第二，注重对群体性文化人格的关注。在余秋雨的笔下，突出体现了这样的理念：个人的素养最终表现为人格的力量，而民族的素养则表现为一种集体的人格。《上海人》一文写了上海人的

跋涉 báshè
爬山蹚水，形容旅途艰苦。

废墟 fèixū
城镇、村庄遭受破坏或灾害后变成的荒凉地方。

积淀 jīdiàn
所积累沉淀下来的事物（多指文化、知识、经验等）。

为什么余秋雨散文多以历史文化、自然山水为题材？

熏染 xūnrǎn
长期接触的人或事物对人的生活习惯逐渐产生某种影响（多指坏的）。

无处不争,写了他们的吵架纠纷和鄙视外地人的处世态度,余秋雨认为"上海人远不是理想的现代城市人",他们的"眼界远远超过闯劲,适应力远远超过开创力",他们"有大家风度,却没有大将风范;有鸟瞰世界的视野,却没有纵横世界的气概"。他还认为:"上海人的人格尽管不失精巧,却缺少一个沸沸扬扬的生命热源。于是,这个城市失去了烫人的力量,失去了浩荡的勃发。"余秋雨入木三分地剖析了上海人作为一个特殊群落的文化性格,同时又理性而深沉地指出:"失落了上海的中国,也就失落了一个时代。失落了上海文明,是全民族的悲哀。"在《十万进士》中,他对中国知识分子在科举制度下的病态人格进行了深刻透析,既看到科举制度给中国带来了许多文化大师,也尖锐地指出,正是科举制度导致了中国知识分子群体人格的退化!对于隐居在西湖边看似大彻大悟、潇洒超脱的林和靖,余秋雨认为是不值得称赞的,因为这种自我放逐,会导致群体文化人格的日益黯淡,更为严重的是,"文明的突进,也因此被取消,剩下一堆梅瓣、鹤羽,像书签一般,夹在民族精神的史册上",反省之深刻,言辞之犀利,令人警醒。

第三,文体上别具一格,写法多变,有足够的能量吞吐古今。余秋雨善于将大段的历史陈述与关键之处的精雕细刻结合起来,将冷峻的笔触与奔放的激情融为一体。他的许多散文情节完整,曲折多变,生动有趣,极富传奇色彩。如《道士塔》一文,用万余字的篇幅,呈现了敦煌文化沦丧的整个过程,王道士怎样愚昧地"从外国冒险家手里接过极少的钱财,让他们把难以计数的敦煌文物一箱箱运走",中国的敦煌研究者最终只能从外国买来文献的胶卷进行研读。惨痛的事实令读者悲情顿生,小说笔法的完整叙述,令读者身临其境。

纠纷 jiūfēn
争执的事情。

鄙视 bǐshì
轻视,看不起。

鸟瞰 niǎokàn
从高处往下看。

纵横 zònghéng
奔驰无阻。

浩荡 hàodàng
形容广阔或壮大。

入木三分 rùmù-sānfēn
形容书法有力,也用来比喻议论、见解深刻。

大彻大悟 dàchè-dàwù
彻底觉悟或醒悟。

放逐 fàngzhú
古时把被判罪的人驱逐到边远地方。

黯淡 àndàn
暗淡。

犀利 xīlì
(武器、言语等)锋利;锐利。

精雕细刻 jīngdiāo-xìkè
精心细致地雕刻。比喻做事认真细致。

沦丧 lúnsàng
消亡;丧失。

第二节 《白发苏州》

本节主要介绍《白发苏州》的内容和艺术特色。

《白发苏州》收入散文集《文化苦旅》,它以细腻的笔触,描写了苏州文化清新婉约却又不失坚韧豪放的品格。

散文开头写道:"前些年,美国刚刚庆祝过建国200周年。……前些天,澳大利亚又在庆祝他们的200周年,海湾里千帆竞发,确实也激动人心。""与此同时,我们的苏州城却悄悄地过了自己2500周年的生日。时间之长,简直有点让人发晕。"在与美国、澳大利亚的对比中,凸显出苏州城历史的久远。而当美国、澳大利亚都在热烈庆祝时,苏州城却静悄悄,一派平和、宁静的气氛。散文就是从这样一个耐人寻味的视角,对苏州城的历史文化、民风轶事做了感性的描述和理性的评析,表达了对苏州城历史命运与现实发展的思考。

散文分为五个层次:一是将苏州放到世界文化的背景中,感叹它2500年历史的悠久和今日的黯淡;二是写苏州在中国古代历史上的地位——"中国文化宁谧的后院",古代文人事成事败之后都愿来苏州走走,获得心理上的安慰;三是以吴越战争为例,写苏州老百姓在统治者荒淫残暴、厮杀混战中的苦难命运;四是写"柔婉的苏州人"性格中刚毅的一面,在明末反抗魏忠贤阉党的严酷斗争中,无论是唐伯虎、金圣叹等文化名人,还是普通百姓,都表现出与统治者不合作的态度,体现出一股阳刚之气;五是写作者漫步苏州街巷,无时无处不感受到苏州文化的奇特与沉重。

《白发苏州》是余秋雨散文的经典之作,显示出余秋雨散文创作的一些独到之处,主要有以下几点:

在取材上,散文以苏州的历史底蕴和文化内涵为主体,着力描写了苏州城小桥流水人家、小巷粉墙黛瓦的情调,特别写出了苏州作为中国文化"宁谧的后院"所独有的价值。苏州的美妙,

---

婉约 wǎnyuē
委婉含蓄。

豪放 háofàng
气魄大而无所拘束。

散文开头为什么要将苏州与美国和澳大利亚进行对比?

宁谧 níngmì
安宁而静谧。

荒淫 huāngyín
贪恋酒色。

残暴 cánbào
残忍凶恶。

厮杀 sīshā
相互拼杀,指战斗。

黛 dài
青黑色的。

在作者看来,苏州文化的精髓是什么?

不仅在于它柔婉的语言、精雅的园林和幽深的街道，更在于它能给人以宁静和慰藉。明白到这一点，才算是懂得了苏州文化的精髓。散文还写出了苏州文化的丰富性，它既有柔情似水的一面，也有刚直不阿的一面。吴侬软语是一方语言特有的情调，绝不等同于对专制与强暴的屈膝和服从。在明代，苏州人民反抗上层的腐败统治，通过不屈的抗争，使国人对苏州另眼相看。沉默的苏州在中国历史上画出悲壮而绚丽的一笔，而苏州人却从不张扬。"正当朝野上下齐向京城欢呼谢恩的时候，苏州人只把五位抗争时被杀的普通市民，立了墓碑，葬在虎丘山脚下，让他们安享山色和夕阳"，充分显现出苏州人儒雅、内敛而又刚毅的性格，也蕴涵了苏州这座城市含而不露、大义凛然的文化特质。《白发苏州》通篇的着力点正是苏州文化的凝重与博大。

在表现形式上，余秋雨善于运用多种修辞手法，将叙事、议论与抒情融为一体，使散文呈现出厚重与灵动相交融的特色。在《白发苏州》的开篇，作者除了将2500周年的苏州与200周年的美国、澳大利亚进行对比，还将苏州文化与金陵的王气进行对比，感慨苏州的"流水太清""桃花太艳""小食太甜""女人太俏""书肆太密""茶馆太多"，而这正是白发苏州"迎来送往，安分度日"的底色，是苏州文化的核心。

《白发苏州》以叙述为主，又常常辅以议论和抒情，多种手法共用，表达作者的观点。作者困惑于"人类最早的城邑之一，会不会、应不应淹没在后生晚辈的竞争之中"，但并没有以议论的方式直接回答，而是通过描写曲园茶室的老人那种吴侬软语式的争执，以及他们拱手作揖的身姿，引发读者的思考。作者意犹未尽，在文章结尾满怀深情地写道："怕哪个门庭突然打开，涌出来几个人：再是长髯老者，我会既满意又悲凉；若是时髦青年，我会既高兴又不无遗憾。"这几句话表露了作者对苏州文化乃至整个中国文化未来的矛盾心态：安于古老还是追赶时尚？苏州何去何从？中国文化何去何从？严肃的理性思考，在举重若轻之间跳跃到了无限的时空。

慰藉 wèijiè
安慰。

柔情似水 róuqíng sì shuǐ
比喻情意温柔缠绵（一般指男女之间）。

刚直不阿 gāngzhí-bù'ē
刚强正直，不阿谀奉迎。

吴侬软语 wúnóng-ruǎnyǔ
形容吴方言语音轻清柔美。

儒雅 rúyǎ
气度温文尔雅。

内敛 nèiliǎn
（性格、思想感情等）深沉，不外露。

《白发苏州》运用了哪些修辞手法？

书肆 shūsì
古代的书店叫书肆。

拱手 gǒngshǒu
两手相合，臂的前部向上举。

作揖 zuò yī
拱手行礼。

意犹未尽 yìyóuwèijìn
指还没有尽兴。犹：还。

长髯 chángrán
两颊上的长须。

举重若轻 jǔzhòng-ruòqīng
举重东西像举轻东西那样。比喻做繁难的事或处理棘手的问题轻松而不费力。

你如何理解散文结尾这几句话？

【文化注释】

1. 魏忠贤　Wèi Zhōngxián

明朝末期宦官。明熹宗时期，出任司礼秉笔太监，极受宠信，被称为"九千九百岁"，他排除异己，专断国政，以致人们"只知有忠贤，而不知有皇上"。

2. 阉党　yāndǎng

一般指明代依附于宦官权势的官僚所结成的政治派别。

3. 唐伯虎　Táng Bóhǔ

即唐寅（1470—1523），字伯虎，中国明朝苏州画家。

4. 金圣叹　Jīn Shèngtàn

1608—1661，明末清初文学家、文学批评家。

5. 金陵　Jīnlíng

南京古时的名称。

一、讨论

1. 《文化苦旅》为什么要以"苦旅"命名？

2. 《白发苏州》的开头，余秋雨为什么要把2500周年的苏州同200周年的美国、200周年的澳大利亚进行对比？

3. 你认为是什么原因使众多读者喜爱余秋雨的散文？

二、练习

1. 填空

（1）散文集《文化苦旅》出版于_____年。

（2）余秋雨的散文多以_____和_____为题材，从文化的视角发掘历史背后的深沉意义。

（3）散文《白发苏州》以细腻的笔触，描写了_____文化清新婉约又不失坚韧豪放的品格。

2. 判断对错

（1）余秋雨的散文始终贯穿着不同的文化主题，将人文情思与历史风物相结合，并充分考虑到大众的接受口味，受到读者的欢迎。（   ）

（2）《山居笔记》是余秋雨在20世纪80年代出版的散文集。（   ）

（3）余秋雨在散文中注重对中国人群体人格的关注。（   ）

（4）叙事、抒情、议论相结合是散文《白发苏州》的一大特色。（   ）

（5）从《白发苏州》可以看出，作者对苏州文化的凝重与博大赞不绝口。（   ）

3. 为下列词语选择正确的解释

第一组：

（   ）儒雅　　　　A. 气魄大而无所拘束

（   ）内敛　　　　B.（武器、言语等）锋利；锐利

（   ）豪放　　　　C. 气度温文尔雅

（   ）犀利　　　　D.（性格、思想感情等）深沉，不外露

第二组：

（   ）柔情似水　　A. 比喻议论、见解深刻

（   ）入木三分　　B. 做繁难的事轻松而不费力

（   ）举重若轻　　C. 还没有尽兴

（   ）意犹未尽　　D. 比喻情意温柔缠绵

三、小结

学完这一课，你有哪些收获？

_____

_____

_____

_____

四、课外阅读指导

1. 如果你喜欢余秋雨的散文,还可以阅读《文化苦旅》中的其他作品,感悟其中的文化现实意义。

2. 中国现当代文坛上,民俗学者钟敬文也创作了大量优秀的文化散文,建议你阅读《钟敬文散文选》,开拓视野。

第十讲

"朦胧诗"的崛起

一 学习目标

1. 了解"朦胧诗"的创作概况

2. 体会"朦胧诗"的艺术特色

3. 分析北岛、顾城、海子等人诗歌的主要特点

二 关键词

"朦胧诗";北岛;顾城;海子

三 预习思考

1. 你能说出几位中国诗人和他们的诗作吗?

2. 什么是"朦胧诗"?

第一节 "朦胧诗"概述

本节简要介绍"朦胧诗"的发展历程、主要特征，以及代表诗人和诗作。

"朦胧诗"的崛起是新时期诗歌发展中最重要的事件之一。20世纪70年代末，中国结束了十年的"文革"动乱，开始改革开放，这也促使文学创作走向复苏。顺应着刚刚到来的自由之风，由北岛、芒克创办的民间刊物《今天》于1978年宣告出版。很多青年诗人在《今天》上发表诗歌，这些作品冲破了20世纪50年代以来比较统一的艺术规范，广泛吸收西方现代诗歌的营养，意象奇特，含义丰富，意蕴朦胧。尤其是这些诗作具有反抗权威的精神气质，凝聚着对"文革"灾难的严峻反思和批判，并自觉地担负起重建诗人自我、重塑艺术审美的历史使命。这批诗歌的发表引起了研究者的广泛关注。1980年，《诗刊》第8期发表了章明的《令人气闷的"朦胧"》一文，首次将这些诗歌称作"朦胧诗"；随后，谢冕的《在新的崛起面前》[①]、孙绍振的《新的美学原则在崛起》[②]、徐敬亚的《崛起的诗群》[③]三篇评论被合称为"三个崛起"，而这一时期的"朦胧诗"创作，后来也被称作"朦胧诗的崛起"。

"朦胧诗"起源于"文革"时期的"地下诗歌"。当时的"地下诗歌"作者食指、黄翔等为后来的"朦胧诗"创作奠定了精神基础。食指（1948—），原名郭路生，他的诗歌《鱼儿三部曲》《这是四点零八分的北京》《相信未来》等，生动而准确地表达了广大"知青"理想坠入深渊的心灵痛苦，表现出对"文革"彻底的失望和尖锐的批判，这在"文革"标语泛滥的时期，引起了知青的共鸣，广为传抄。

写于1968年的《这是四点零八分的北京》是一首时代特色鲜

朦胧 ménglóng
不清楚；模糊。

崛起 juéqǐ
（山峰等）突起；兴起。

意象 yìxiàng
意境。

意蕴 yìyùn
内在的意义；含义。

权威 quánwēi
使人信服的力量和威望；在某种范围里最有威望、地位的人或事物。

使命 shǐmìng
派人办事的命令，多指重大的责任。

"朦胧诗"有哪些特点？

"朦胧诗"与"文革"时期的"地下诗歌"有什么关系？

食指的诗在"文革"时期为什么广为传抄？

标语 biāoyǔ
用简短文字写出的有宣传鼓动作用的口号。

泛滥 fànlàn
比喻坏的事物不受限制地流行。

---

① 发表于《光明日报》，1980年5月7日。
② 发表于《诗刊》，1981年第3期。
③ 发表于《当代文学思潮》，1983年第1期。

明的诗篇。知青离开城市时，离别亲人的无奈与悲哀，前途未卜的彷徨与苦痛，都在诗中表现得淋漓尽致：

> 这是四点零八分的北京 / 一片手的海浪翻动 / 这是四点零八分的北京 / 一声雄伟的汽笛长鸣 // 北京车站高大的建筑 / 突然一阵剧烈地抖动 / 我双眼吃惊地望着窗外 / 不知发生了什么事情 // 我的心骤然一阵疼痛，一定是 / 妈妈缀扣子的针线穿透了心胸 / 这时，我的心变成了一只风筝 / 风筝的线绳就在妈妈手中

诗人即将离开北京，就像孩子离开母亲一样无助、害怕，列车就像一只陌生人的手，将孩子硬生生地从妈妈的怀中带走了。诗歌写出了一代知青上山下乡时的复杂心情，是人间的大痛苦，也是时代的大痛苦。但在理想幻灭、前途一片渺茫时，诗人用诗篇证实了这一代人存在的价值，这种在绝望中仍然怀揣理想的坚韧精神，也成为后来"朦胧诗"诗人最宝贵的精神财富。

食指的《相信未来》同样创作于1968年，诗中那坚定的信念和对未来的执着追求鼓舞着一代年轻人的心：

> 当蜘蛛网无情地查封了我的炉台 / 当灰烬的余烟叹息着贫困的悲哀 / 我依然固执地铺平失望的灰烬 / 用美丽的雪花写下：相信未来 / 当我的紫葡萄化为深秋的露水 / 当我的鲜花依偎在别人的情怀 / 我依然固执地用凝霜的枯藤 / 在凄凉的大地上写下：相信未来……

诗歌选取一系列奇异而陌生的意象：被蜘蛛网查封的炉台、灰烬的余烟、凝霜的枯藤等，在这些绝望的表象背后，诗人表达的却是执着的希望。这种用奇特的意象来表达复杂情感的方法也给后来的"朦胧诗"诗人很大的启示。

另一位"朦胧诗"的先行者是黄翔（1941—）。他是一位清醒的诗人，深刻地意识到"文革"对人性的摧残。他那挑战权威的意志和不同于世俗的精神被后来的"朦胧诗"诗人所敬仰并继承。但在他的时代，这种气魄却注定了其孤独的命运，正如他的《独唱》：

前途未卜 qiántú wèibǔ
将来的光景如何难以预测。

淋漓尽致 línlí-jìnzhì
形容文章或说话详尽透彻，也指暴露得很彻底。

《这是四点零八分的北京》抒发了怎样的感情？

渺茫 miǎománg
因遥远而模糊不清；因没有把握而难以预期。

怀揣 huáichuāi
胸怀里藏着。

《相信未来》抒发了怎样的感情？

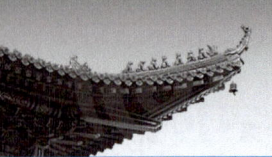

中国当代文学

我是谁／我是瀑布的孤魂／一首永久离群索居的／诗／我们的漂泊的歌声／是梦的／游踪／我的唯一的听众／是沉寂

另一首诗《野兽》则充分表达了他对动荡社会的控诉，表现出他难以抑制的暴怒：

我是一只被追捕的野兽／我是一只刚捕获的野兽／我是被野兽践踏的野兽／我是践踏野兽的野兽／／我的年代扑倒我／斜乜着眼睛／把脚踏在我的鼻梁上／撕着／咬着／啃着／直啃到仅仅剩下我的骨头／即使我仅仅剩下一根骨头／我也要哽住一个可憎时代的咽喉

《野兽》抒发了怎样的感情？

"文革"结束后，"地下诗歌"逐步浮出水面，"朦胧诗"运动随即开始，更多的年轻人投入诗歌创作，如北岛、顾城、芒克、多多、舒婷、江河、杨炼、海子等，都成为后来"朦胧诗"的代表作家。

芒克（1951—）原名姜世伟，与北岛同为《今天》杂志的创始人，他的诗歌清新自然，率性潇洒，具有一种泥土的芳香，让人备感亲切。他选取的富有生命力的意象，让"文革"时期饱受压抑的人们充满力量，如《阳光中的向日葵》：

率性　shuàixìng
索性；由着性子。

你看到了吗／你看到阳光中的那棵向日葵了吗／你看它，它没有低下头／而是把头转向身后／它把头转了过去／就好像是为了一口咬断／那套在它脖子上的／那牵在太阳手中的绳索／你看到了吗／你看到那棵昂着头／怒视着太阳的向日葵了吗／它的头几乎已把太阳遮住／它的头即使是在没有太阳的时候／也依然在闪耀着光芒／／你看到那棵向日葵了吗／你应该走近它／你走近它便会发现／它脚下的那片泥土／每抓起一把／都一定会攥出血来

《阳光中的向日葵》抒发了怎样的感情？

攥　zuàn
握。

"向日葵"都是向着太阳生长，而这棵"向日葵"却将"头转向身后"，"怒视着太阳"。诗中的"向日葵"象征着那些有自己的思想和意志的人，他们"闪耀着光芒"，是那么自信、从容。但坚持抗争也是要付出代价的，"它脚下的那片泥土"能"攥出血来"。诗歌告诉人们，要有勇气听从自己的内心，要勇于选择属于自己的生存方式。芒克的代表诗集有《芒克诗选》《阳光中的向日葵》等。

多多（1951—）原名栗世征，代表诗作有《鳄鱼市场》《蜜周》《阿姆斯特丹的河流》《致太阳》等。《致太阳》写道：

给我们家庭，给我们格言／你让所有的孩子骑上父亲肩膀／给我们光明，给我们羞愧／你让狗跟在诗人后面流浪／给我们时间，让我们劳动／你在黑夜中长睡，枕着我们的希望／给我们洗礼，让我们信仰／我们在你的祝福下，出生然后死亡／查看和平的梦境、笑脸／你是上帝的大臣／没收人间的贪婪、嫉妒／你是灵魂的君王／热爱名誉，你鼓励我们勇敢／抚摸每个人的头，你尊重平凡／你创造，从东方升起／你不自由，像一枚四海通用的钱

"太阳"是光明与希望的象征，它奉献出自己的光和热，成为人类心灵的避难所。同时，太阳又是公平与正义的象征，它"查看和平的梦境、笑脸"，就像"上帝的大臣"，"没收人间的贪婪、嫉妒"，"鼓励我们勇敢"，"抚摸每个人的头"。在诗中，"太阳"是人们心中的自由、理想和信仰，它支撑着人们的生活，就像一个亲切的伴侣。诗歌表达了诗人对太阳的礼赞和对自由的呼唤。多多的诗歌具有明显的现代派特征，意象简洁而富有张力，感情颓废而冷静，表现出对人类精神困境的思索，表达出现代人内心的敏感和痛苦。1988年，"今天文学社"将首届"今天诗歌奖"授予了多多。多多的代表性诗集有《行礼：诗三十八首》《里程：多多诗选1973—1988》《阿姆斯特丹的河流》等。

舒婷（1952—）原名龚佩瑜，是"朦胧诗"运动中著名的女诗人，著有诗集《双桅船》《会唱歌的鸢尾花》等。她积极加入《今天》诗群，创作于1977年的《致橡树》为读者所熟知：

我如果爱你／绝不像攀援的凌霄花／借你的高枝炫耀自己／我如果爱你／绝不学痴情的鸟儿／为绿荫重复单调的歌曲／也不止像泉源／常年送来清凉的慰藉／也不止像险峰／增加你的高度，衬托你的威仪／甚至日光／甚至春雨／不，这些都还不够／我必须是你近旁的一株木棉／作为树的形象和你站在一起／根，紧握在地下／叶，相触在云里／每一阵风过／我们都互相致意／但没有人／听懂我们的言语

《致太阳》抒发了怎样的感情？

伴侣　bànlǚ
同在一起生活、工作或旅行的人，多指夫妻或夫妻中的一方。

颓废　tuífèi
意志消沉，精神萎靡。

《致橡树》抒发了怎样的感情？

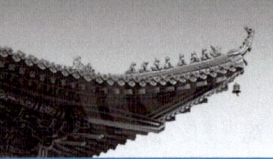

这是女性大胆的爱情宣言，是诗人对高尚人格和女性自我价值的高声呼喊。舒婷的诗是古典情调与现代思考的结合，表现了年轻一代理想破灭的痛苦，以歌颂"人"的尊严和权利来表达对时代的抗议。她的诗风浪漫典雅，为当时沉重压抑的诗坛吹来一股清新的风。

典雅 diǎnyǎ
优美不粗俗。

"朦胧诗"创作在80年代初期达到高潮，1983年以后，北岛、顾城、舒婷等人的创作逐渐减少，而以海子为代表的新一代诗人逐渐崛起。"朦胧诗"运动虽然历时不长，但在中国当代文学发展史中做出了不可磨灭的贡献。它继承了"五四"新文学传统，关注生命个体的生存状况，追求人的精神自由和存在价值；同时，它深受西方现代主义的影响，对现代派的创作技巧多有借鉴，使中国新诗进一步与世界接轨。"朦胧诗"弥补了中国新诗发展在"文革"十年中的断裂，在中国当代诗歌史上具有重要地位。

不可磨灭 bùkě-mómiè
不会因时间的推移而消失。指事迹言论等将始终保留在人们的记忆中，不会消去。

第二节　北岛的诗

本节介绍北岛的诗歌创作概况，分析北岛诗歌的特色并赏析他的诗作。

北岛（1949—）原名赵振开，他是《今天》的创办者，又是"朦胧诗"运动的领军人物。北岛祖籍浙江，生于北京。他做过工人，当过翻译，在《新观察》杂志做过编辑。北岛的诗歌创作开始于20世纪70年代中后期，并一直持续到今天。1989年，北岛移居国外，曾旅居德国、瑞典、法国、美国等多个国家，2007年到香港居住，2011年重返大陆。

北岛的诗歌创作以80年代末为界，分为前后两个时期。

前期主要是"朦胧诗"的创作。代表诗作主要有《回答》《结局或开始——献给遇罗克》《宣告——献给遇罗克》《履历》《走向冬天》《恶梦》《五色花》和组诗《太阳城札记》等。这些诗歌表达了诗人对生命、死亡、历史、自由等问题的深沉思考，对祖国、人民前途命运的深切忧虑，对社会不公平现象给予了激烈的批判。

《回答》是北岛的代表作，创作于1976年"文革"刚刚结束之际：

> 卑鄙是卑鄙者的通行证 / 高尚是高尚者的墓志铭 / 看吧，在那镀金的天空中 / 飘满了死者弯曲的倒影 / ……告诉你吧，世界 / 我——不——相——信！ / 纵使你脚下有一千名挑战者 / 那就把我算作第一千零一名 // 我不相信天是蓝的 / 我不相信雷的回声 / 我不相信梦是假的 / 我不相信死无报应 / 如果海洋注定要决堤 / 就让所有的苦水都注入我的心中 / 如果陆地注定要上升 / 就让人类重新选择生存的峰顶

那是一个"卑鄙者"畅通无阻的时代，而"高尚者"却只能走向坟墓。诗人要揭开时代的面具，让世人认清它可憎的真面目。"我——不——相——信！"震醒了在暗夜中昏睡的人们，让人们清醒过来，戳穿这个世界的虚伪。《回答》具有鲜明的反叛意识，对社会进行了强烈的批判。《回答》中大量运用了象征、隐喻等修辞手法，那些直接抒情的句子充满激情，具有极强的爆发力和震撼力，体现了北岛"朦胧诗"的抒情特点。

组诗《太阳城札记》创作于20世纪70年代末，由14首短诗组成。这组诗以其新奇的形式引发了读者的兴味，而充满哲理的诗句更增加了它的魅力。诗人在组诗中表达了对人生的认识和理解：人生是多面的，有幸福也有痛苦，生活是复杂的，有光明也有黑暗。生命、爱情、自由、孩子、姑娘、青春、艺术……这些都是人生中最美好、最需要珍惜的东西，但在诗人笔下，它们往往也是阴沉、凄凉的："恬静。雁群飞过 / 荒芜的处女地 / 老树倒下了，戛然一声 / 空中飘落着咸涩的雨。"（《爱情》）"红波浪 / 浸透着孤独的桨。"（《青春》）"她被铸在青铜的盾牌上 / 靠着博物馆发黑的板墙。"（《祖国》）这组诗的最后一首《生活》就一个字——"网"——却表现了诗人对"生活"的深刻认识。"生活"就像一

北岛前期的诗歌创作有什么特点？代表作有哪些？

卑鄙 bēibǐ
（语言、行为）恶劣；卑微鄙陋。

墓志铭 mùzhìmíng
放在墓里刻有死者生平事迹的石刻。也指墓上的文字。

《回答》抒发了怎样的感情？

戳穿 chuōchuān
刺穿；说破，揭穿。

张无形的"网",人们就像蜘蛛,在"网"中生活,依赖"网"又讨厌"网"的束缚,无法挣脱也不能挣脱。这张"网"有时候给人们带来牵绊和烦恼,有时候又给人们以温暖和安全,它既束缚了人们的自由,又保障了人们的生存,这就是生活的本质。

北岛后期的诗歌创作主要是他旅居海外之后的作品。这一时期的诗作继承了他前期的语言风格,但从更多关注社会转为更加关注个人的生命体验和诗人自己的内心感受,于冷峻中更见温情。北岛这一时期出版的诗集有《在天涯》《午夜歌手》《零度以上的风景》等。

长期的海外漂泊,使"怀乡"在不知不觉中成了北岛诗歌的一个重要主题,诗中越来越多地渗透着诗人对母语的眷恋。这一时期的重要诗作有《乡音》《回家》等,表现了诗人对父亲的深沉思念、对女儿的浓浓爱意、对回到故乡的热烈渴望。

其中,《乡音》一诗表达的思乡忧国之情尤甚:

一个公园有自己的冬天 / 我放上音乐 / 冬天没有苍蝇 / 我悠闲地煮着咖啡 / 苍蝇不懂什么是祖国 / 我加了点糖 / 祖国是一种乡音 / 我在电话线的另一端 / 听见了我的恐惧

"公园"有属于自己的"冬天",而"我"却找不到自己的归属,"我"放上音乐,煮着咖啡,缓解自己郁闷的心情,却没有任何作用。"我"连一只"苍蝇"都不如,"苍蝇"没有祖国,也就没有思念的痛苦,反而生活得轻松自在。诗人的自嘲,读来让人心酸,给人孤独、冷峻、沉重的感觉。"只有用母语,一个人才能说出自己的真理。"①对母语的渴望实际上是诗人怀乡之情的真切流露。全诗语言凝练,意蕴丰厚而富有哲理。

北岛先后获得瑞典笔会文学奖、美国西部笔会中心自由写作奖、古根海姆奖学金,被选为美国艺术文学院终身荣誉院士,并多次获得诺贝尔文学奖提名,在世界范围内享有较高的声誉。

---

① 北岛《策兰:是石头要开花的时候了》,《收获》,2004年第4期。

牵绊 qiānbàn
牵扯,纠缠使不能脱开。

北岛后期的诗歌创作有什么特点?代表作有哪些?

冷峻 lěngjùn
冷酷严峻,沉着而严肃。

漂泊 piāobó
随波浮动或停泊;比喻职业、生活不固定,东奔西走。

眷恋 juànliàn
(对自己喜爱的人或事物)深切地留恋。

《乡音》抒发了怎样的感情?

郁闷 yùmèn
烦闷,不舒畅。

自嘲 zìcháo
自己嘲笑自己,是一种重要的交际方法。

心酸 xīnsuān
心里悲痛。

第三节　顾城的诗

本节介绍顾城的创作概况、艺术特色和主要诗作。

"你相信了你编写的童话/自己就成了童话里幽兰的花。"舒婷将这首《童话诗人》赠予顾城，从此"童话诗人"便成了顾城的代称。

顾城（1956—1993）生于北京，父亲顾工也是著名诗人。顾城从小就受到了良好的文化熏陶，感情细腻，善于观察，8岁就创作了诗歌《杨树》。"文革"的苦难遭遇使少年顾城的心灵蒙上了无法抹去的阴影，也给他后来的诗歌创作带来了巨大的影响。12岁时，顾城离开城市，随父亲下放到山东北部农村。在这里，顾城将生命融入了纯洁美丽的大自然，蔚蓝的天空、宁静的云朵、飞翔的鸟儿、绽放的小花……顾城在大自然中体会到了无比的快乐与幸福。1977年，顾城开始大量写诗，成为"朦胧诗"的代表诗人之一。1988年，他移居新西兰激流岛，远离人群，构建自己幻想中的童话生活。1993年，顾城杀死妻子之后自杀，以残暴的方式结束了自己的生命，而他自杀的真正原因至今仍是一个谜。顾城自著或与他人合著的诗集有《白昼的月亮》《舒婷、顾城抒情诗选》《北方的孤独者之歌》《铁铃》《黑眼睛》等。

顾城的诗歌创作大体可以分为三个阶段：第一阶段是1978年之前，诗歌内容浅显清新，语言平易质朴，体现了一个纯洁少年对大千世界的神思梦想，如《星月的来由》："树枝想去撕裂天空/却只戳了几个微小的窟窿/它透出天外的光亮/人们把它叫做月亮和星星。"新奇的想象中透露出孩童的纯真，美丽而浪漫。第二阶段是1979—1986年，顾城的创作开始走向成熟，诗歌语言凝练，含义丰富而深刻，意境空灵而渺远。他开始思考社会和人生，充满哲理，如《远和近》："你/一会看我/一会看云/我觉得/你看我时很远/你看云时很近。"这首诗写出了诗人与外界、与人群的距离感、不融合感，含义朦胧，引人深思。第三阶段是1987—1993年，自顾城出国到他去世。这个时期，他的创作数量逐渐减

熏陶　xūntáo
长期接触的人或事物对人的生活习惯、思想行为、品行学问等逐渐产生某种影响（多指好的）。

绽放　zhànfàng
（花朵）开放。

顾城的代表性诗集主要有哪些？

顾城第一阶段和第二阶段的创作有什么不同？

空灵　kōnglíng
灵活而不可捉摸。

渺远　miǎoyuǎn
遥远。

你怎样理解诗歌《远和近》？

中国当代文学

少，语言开始回归童真，诗歌中不自觉地流露出迷茫和无所适从之感。如创作于1991年的《一人》："一人不能避免他的命运／他是清楚的／在呼吸中 在他长大的手掌里／在他危险安心的爱的时候……"在这里，我们似乎能感受到诗人内心深处的孤独、焦虑与不安。

顾城是一位充满童心的诗人，他拒绝长大，拒绝走进成人的世界，总是试图构建自己的"童话王国"，在这个"童话王国"里，没有黑暗，没有矛盾，只有单纯和美好。他的诗以孩子般的眼光观察世界，观察自然，关注自我，语言清新明丽。代表作有《村野之夜》《回想》《无名的小花》《生命幻想曲》《我是一个任性的孩子》等。

《村野之夜》这样写道：

浓厚的黑夜／把天和地黏合在一起／星星混着烛火／银河连着水渠／我们小小的茅屋／成了月宫的邻居／去喝一杯桂花茶吧／顺便问问户口的问题

"星星混着烛火"，点点亮光在黑夜中闪烁，"银河"与"水渠"连在了一起，天上和人间融为一体，"茅屋"与"月宫"成为了邻居，"我们"到底是生活在天上还是人间？最后，"我们"去"月宫"品尝了"桂花茶"，顺便聊聊天，说说话，问问日常琐事，谈谈"户口"问题。诗人用他的奇思妙想营造了一个宁静祥和的意境，"星星""银河""茅屋""桂花茶"，一切都是如此恬淡美好，意象新颖而富于跳跃。

再如《生命幻想曲》：

把我的幻影和梦／放在狭长的贝壳里／柳枝编成的船篷／还旋绕着夏蝉的长鸣／拉紧桅绳／风吹起晨雾的帆／我开航了／……／用金黄的麦秸／织成摇篮／把我的灵感和心／放在里边／装好纽扣的车轮／让时间拖着／去问候世界／……／太阳烘着地球／像烤一块面包／我行走着／赤着双脚／我把我的足迹／像图章印遍大地／世界也就溶进了／我的生命

无所适从 wú suǒ shì cóng
不知道依从谁好，不知按哪个办法做才好。

银河 yínhé
晴天夜晚，天空呈现出一条明亮的光带，夹杂着许多闪烁的小星，看起来像一条银白色的河。

水渠 shuǐqú
人工开凿的水道。

恬淡 tiándàn
恬静；安适。

《生命幻想曲》抒发了怎样的感情？

在幻想中，"我"乘坐着贝壳和柳枝做成的船，在夏蝉的鸣叫声中，在晨雾里扬帆起航；以摇篮为车，以时间为马，载着心灵走遍世界的每一个角落；"我"赤着脚，自由自在地行走，在大地上，留下我生命的痕迹。

这一特点在《我是一个任性的孩子》中表现得最为明显：

我是一个任性的孩子 / 我想涂去一切不幸 / 我想在大地上 / 画满窗子 / 让所有习惯黑暗的眼睛 / 都习惯光明 / 我想画下风 / 画下一架比一架更高大的山岭 / 画下东方民族的渴望 / 画下大海—— / 无边无际愉快的声音 / 最后，在纸角上 / 我还想画下自己 / 画下一只树熊 / 他坐在维多利亚深色的丛林里 / 坐在安安静静的树枝上 / 发愣 / 他没有家 / 没有一颗留在远处的心 / 他只有，许许多多 / 浆果一样的梦 / 和很大很大的眼睛 / 我在希望 / 在想 / 但不知为什么 / 我没有领到蜡笔 / 没有得到一个彩色的时刻 / 我只有我 / 我的手指和创痛 / 只有撕碎那一张张 / 心爱的白纸 / 让它们去寻找蝴蝶 / 让它们从今天消失 / 我是一个孩子 / 一个被幻想妈妈宠坏的孩子 / 我任性

"我"是一个任性的孩子，"我"生活在一个充满幻想的世界里，"我"想阻止一切不幸，给那些生活在黑暗中的人打开一扇窗，"我"想画下一幅幅美丽的图画，但理想与现实往往不能统一，"我"始终"没有领到蜡笔"，"我"始终没有改变现实的力量！"我"所拥有的只是自己的"童话世界"，"我"所能做的只是撕碎"心爱的白纸"，让它们像蝴蝶一样飞散、消失在空中，现实中的"我"对别人的不幸真是无能为力！然而，"我"依然是被"幻想妈妈"宠坏的孩子，依然执着地追求着幻想中的美好世界。

顾城还有一些诗关注社会、思考人生，表达了对历史和现实的追问，对人与人之间关系的思考，哲理性很强，代表作有《一代人》《远和近》《永别了，墓地》《结束》《历史的内战》等。《永别了，墓地》这样写道：

模糊的小路 / 使我来到 / 你们中间 / 像一缕被遗漏的阳光 / 和高大的草 / 和矮小的树 / 站在一起 / 我不代表历史 / 不代表那最高

《我是一个任性的孩子》抒发了怎样的感情？

宠坏　chǒnghuài
比喻对某人溺爱或太好而使其变坏（性格变坏）。

中国当代文学

处／发出的声音／我来了／因为我的年龄／……／你们把同一信念／注入最后的呼吸／你们相距不远／一边仍是鲜花／是活泼的星期日／是少先队员／一边却是鬼针草／蚂蚁和蜥蜴／你们都很年轻／头发乌黑／死亡的冥夜／使单纯永恒／……／我离开了墓地／只留下，夜和／失明的野藤／还在那里摸索着／碑上的字迹／摸索着／你们的一生／远了，更远了，墓地／愿你们安息／愿那模糊的小路／也会被一个浅绿的春天／悄悄擦去

这是一首有关"红卫兵"和"文革"的诗。面对"红卫兵之墓"，诗人开启了那扇被历史尘封的大门，那些"文革"中死去的"红卫兵"，正值青春大好时光，却被卷入了残暴、无意义的政治斗争中。诗歌表达了对"红卫兵"深深的惋惜和对历史沉痛的思考。

"黑夜给了我黑色的眼睛，我却用它寻找光明。"——《一代人》全诗仅有这两句十八个字，却能给人以强烈的震撼。"黑夜"象征着让人窒息的"文革"时代，在"黑夜"里，人们苦闷、压抑、痛苦，"黑夜"蒙蔽了人们的双眼，人们看不到未来，人生变得虚无、孤独、寂寞；然而，诗人却不屈服于"黑夜"带来的这一切，他要用这双"黑色的眼睛"去寻找光明和希望。"黑色的眼睛"与"光明"形成了矛盾与对比，但正是这种不可调和的矛盾与荒诞，才更加凸显了反抗的坚决和追求理想的执着。诗歌道出了"文革"中长大的整整"一代人"的心声：尽管伤痕累累，充满迷茫和困惑，但还是要反抗绝望，反抗既定的命运，追寻光明的未来。

顾城将诗视为生命，他在诗中表达对生命的认知，对理想的追寻。他用一颗永不褪色的童心体悟世上的一草一木，选取充满童真的意象，营造静谧和谐的氛围，构建心目中的"童话世界"，使诗歌呈现出一种纯净之美。他的诗歌感染了一代代的读者，为中国当代诗歌发展做出了独特的贡献。

《永别了，墓地》抒发了怎样的感情？

尘封　chénfēng
搁置已久，被尘土盖满。

窒息　zhìxī
因外界氧气不足或呼吸系统发生障碍而呼吸困难甚至停止呼吸。

蒙蔽　méngbì
隐瞒真相，使人上当。

你怎样理解诗歌《一代人》？

荒诞　huāngdàn
极不真实，极不近情理。

伤痕累累　shānghén lěilěi
形容人的心灵或身体受过很多伤。伤痕：伤疤，也指物体受损害后留下的痕迹。

静谧　jìngmì
安静。

和谐　héxié
配合得适当。

第四节　海子的诗

本节介绍海子的诗歌创作情况、艺术特色，并重点赏析海子的代表性诗作。

海子（1964—1989）原名查海生，是"朦胧诗"运动后期的一位重要诗人。1979年，15岁的海子考入北京大学法律系，并在大学期间开始了诗歌创作。大学毕业后，他在中国政法大学哲学教研室任教。1989年3月26日，海子在山海关附近的一段火车慢行道上卧轨自杀，年仅25岁。

海子的诗歌语言优美、典雅、纯粹，追求超脱世俗的意境。在诗歌中，海子执着地坚守理想，坚持对精神世界和艺术本质的探寻，以及对生命价值的追问。他以极富才华的想象力和创造力，加上超乎常人的勤奋与意志，在短暂的一生中，完成了近200万字的诗歌、小说和戏剧等作品的创作。他死后，经好友西川、骆一禾的整理，出版的作品集有《土地》《海子、骆一禾作品集》《海子的诗》《海子诗全编》等。

海子有哪些代表性诗集？

海子的诗主要有三个方面的主题：对爱情的痛苦追寻、对土地的迷恋和赞颂、对生命和死亡的思考。

爱情是海子诗歌的一个重要主题。海子的一生经历过四次恋爱，每一次都以失败而告终，这使他陷入了深深的痛苦。在他表现爱情的诗歌中，有甜蜜和心动，但更多的是痛苦与挣扎，是对完美爱情的追求以及追求不到的绝望和悲伤，如《四姐妹》《爱情诗集》《日记》《山楂树》等。

荒凉的山岗上站着四姐妹 / 所有的风只向她们吹 / 所有的日子都为她们破碎 /…… / 我爱过的这糊涂的四姐妹啊 / 光芒四射的四姐妹 / 夜里我头枕卷册和神州 / 想起蓝色远方的四姐妹 / 我爱过的这糊涂的四姐妹啊 / 像爱着我亲手写下的四首诗 / 我的美丽的结伴而行的四姐妹 / 比命运女神还要多出一个 / 赶着美丽苍白的奶牛走向月亮形的山峰 /…… / 四姐妹抱着这一颗 / 一颗空气中的麦子 /

《四姐妹》抒发了怎样的感情？

中国当代文学

抱着昨天的大雪，今天的雨水／明日的粮食与灰烬／这是绝望的麦子／请告诉四姐妹：这是绝望的麦子／永远是这样／风后面是风／天空上面是天空／道路前面还是道路（《四姐妹》）

　　这是一声绝望的呐喊，展现了诗人在爱情面前的孤独与痛苦。"四姐妹"是海子曾经爱过的四位女子的化身，那一颗"绝望"的麦子不仅是爱情的追求者，更是生命的象征。"坐在烛台上／我是一只花圈／想着另一只花圈／不知道何时献上／不知道怎样安放"（《爱情诗集》），表达了诗人的思念和爱情带给自己的忐忑心情。"你是我的／半截的诗／半截用心爱着／半截用肉体埋着／你是我的／半截的诗／不许别人更改一个字"（《半截的诗》），诗中展现的爱恋深入骨髓，浸透身心。爱情从来就是自私的，不能分享，"不许别人更改一个字"。海子的爱情诗并不追求字眼上的赏心悦目，也不刻意追求情绪上的激情释放，而是着力展现人性的光辉，表现出一种自然之美。

　　"土地"（大地、麦地）是海子诗歌的一个重要意象，对土地的迷恋和赞颂，是海子诗歌的另一个主题。"全世界的兄弟／要在麦地里拥抱／东方，南方，北方和西方／麦地里的四兄弟，好兄弟／回顾往昔／背诵各自的诗歌／要在麦地里拥抱。"（《五月的麦地》）"生存无须洞察／大地自己呈现／用幸福也用痛苦／来重建家乡的屋顶／放弃沉思和智慧／如果不能带来麦粒／请对诚实的大地／保持缄默和你那幽暗的本性。"（《重建家园》）再如《麦地·询问》："在青麦上跑着／雪和太阳的光芒／诗人，你无力偿还／麦地和光芒的情义／一种愿望／一种善良／你无力偿还／一颗放射光芒的星辰／在你头顶寂寞燃烧。"海子是农民的儿子，"土地"养育了他，也滋养着他的灵魂。海子又是都市的流浪儿，难以融入都市生活，因而，未被现代文明浸染的自然与乡村，就成了海子的心灵家园。他迷恋土地和村庄，他的诗赞颂和谐安静的乡村生活，对于农业社会表现出浓浓的依恋，并在其中寻找精神归属。

　　海子关注人类的生命及其与历史的关系，对生命与死亡的思考是他诗作的又一个重要主题。对生命存在价值的追问，表现了诗人内心的迷茫与困惑。他流露在诗中的抗争与挣扎，让我们看

赏心悦目　shǎngxīn-yuèmù
指因欣赏美好的情景而心情舒畅。

你如何理解《麦地·询问》中的"大地"意象？

浸染　jìnrǎn
逐渐沾染或感染。

到了诗人对生命意义的考量，以及他超越生命个体、站在人类高度来关注生命的态度。当然，他的这种思考也必然是痛苦的。如长诗《河流》，"河流"流过乡村，流过城市，人们的生活在"河流"旁展开，生活的点点滴滴构成了人类的历史。人类依傍河流，生老病死，永不停息，留下了"号子""伐木声""编钟"，逐步走向文明。而"死亡"也一直为海子所迷恋，海子曾自杀未遂，但最终，他还是选择以自杀的方式结束了生命。在海子的笔下，死亡是美好的、幸福的，是生命的再次轮回，具有一种诗意的美。海子的死亡对他自己来说不过是一次对束缚灵魂和自由思想的肉体的抛弃。他认为死亡是生命的另一种存在，是另一种生命的经验，他的很多诗歌里都充满了死亡的气息，并且表露出对死亡之美的欣赏。如《九月》：

目击众神死亡的草原上野花一片／远在远方的风比远方更远／我的琴声呜咽 泪水全无／我把这远方的远归还草原／一个叫木头 一个叫马尾／我的琴声呜咽 泪水全无／远方只有在死亡中凝聚野花一片／明月如镜高悬草原映照千年岁月／我的琴声呜咽 泪水全无／只身打马过草原

这样的诗歌还有《死亡之诗》《自杀者之歌》等。

在海子的所有诗歌中，流传最广、影响最大的是写于1989年1月的抒情短诗《面朝大海，春暖花开》：

从明天起，做一个幸福的人／喂马，劈柴，周游世界／从明天起，关心粮食和蔬菜／我有一所房子，面朝大海，春暖花开／从明天起，和每一个亲人通信／告诉他们我的幸福／那幸福的闪电告诉我的／我将告诉每一个人／／给每一条河每一座山取一个温暖的名字／陌生人，我也为你祝福／愿你有一个灿烂的前程／愿你有情人终成眷属／愿你在尘世获得幸福／我只愿面朝大海，春暖花开

这首诗写于1989年1月13日，距离海子自杀两个多月，很多人把它看作是诗人留给世人的"遗嘱"。从诗中，我们既能看出海子的隐逸情怀，也能看到他心灵的撕裂。海子出身贫寒，工作后工资微薄，可以说一生清贫。家人对他的创作不理解，爱过的

依傍 yībàng
依靠。

未遂 wèisuì
没有达到（目的）；没有满足（愿望）。

轮回 lúnhuí
佛教指有生命的东西永远像车轮运转一样在天堂、地狱、人间等范围内循环转化。

《九月》抒发了怎样的感情？

《面朝大海，春暖花开》抒发了怎样的感情？

有情人终成眷属 yǒuqíngrén zhōng chéng juànshǔ
彼此有情爱的人终于结为夫妻。

遗嘱 yízhǔ
人在生前或临死时对自己身后事如何处理用口头或书面形式所做的嘱咐。

中国当代文学

四个女人都相继离开他，更重要的是他的诗歌生前一直未得到文坛的承认，甚至屡遭批判，而海子天性敏感、偏执，这一切使诗人始终与现实关系紧张。现实容不下海子，海子也拒绝现实，在这种矛盾中，海子只能逃进"面朝大海，春暖花开"的精神世界。

"大海"是这首诗中的重要意象，"大海"是海子的精神归宿，是他安放理想的地方，"面朝大海"可以让诗人感到安宁，而"春暖花开"则可以带来温暖和希望。诗人渴望得到幸福，所以希望"从明天起，做一个幸福的人"，而这种幸福并不是他当时的生活状况所能给予的。海子生前一直独居，孤独而寂寞，他渴望与人交流，渴望做一个平凡的人，"喂马、劈柴、周游世界"，"关心粮食和蔬菜"，所以"从明天起，和每一个亲人通信"；但他又难以忍受嘈杂而琐碎的家庭生活，最终仍是回归到了超脱于世俗的生活状态和精神境界。

海子的诗具有浪漫情怀，对土地一往情深的依恋和赞颂，展现了他对精神家园和心灵归宿的苦苦探寻、对生命意义的哲理性思考。海子的诗歌不仅属于他个人，也不仅属于一个时代，而是人类永恒的诗篇。

> 你如何理解这首诗中的"大海"意象？

> 嘈杂　cáozá
> （声音）杂乱；喧闹。

> 一往情深　yìwǎng-qíngshēn
> 指对人或事物有深厚的感情，十分向往留恋。

【文化注释】

1. 知青　zhīqīng

"知识青年"的简称。指受过学校教育，具有一定文化知识的青年人。特指20世纪60年代末到70年代末，响应国家号召到农村或边疆参加农业生产的城市知识青年。

一、讨论

1. 舒婷在《致橡树》中表达了怎样的爱情观？

2. 你怎样理解北岛的一字诗《生活》？

3. 为什么顾城被称为"童话诗人"？

4. 你怎样理解海子的诗《面朝大海，春暖花开》？

二、练习

1. 填空

   （1）1978年由北岛、芒克主创的杂志《＿＿＿＿》宣告出版，为"朦胧诗"的创作和发表提供了园地。

   （2）写下《相信未来》的诗人是＿＿＿＿。

   （3）"卑鄙是卑鄙者的通行证／高尚是高尚者的墓志铭／看吧，在那镀金的天空中／飘满了死者弯曲的倒影／／告诉你吧，世界／我—不—相—信！"——以上诗句出自北岛的诗歌《＿＿＿＿》。

   （4）《我是一个任性的孩子》是诗人＿＿＿＿的代表作。

   （5）创作了《四姐妹》的诗人是＿＿＿＿。

2. 判断对错

   （1）"朦胧诗"受到西方现代诗歌的影响，意象奇特，含义丰富，具有反抗权威的精神气质。（　　）

   （2）《这是四点零八分的北京》抒发了知青离别亲人的无奈以及前途未卜的彷徨。（　　）

   （3）舒婷的诗歌清新、浪漫、典雅，被称为"童话诗人"。（　　）

   （4）"黑夜给了我黑色的眼睛，我却用它寻找光明"出自顾城的《远和近》。（　　）

   （5）"土地"是海子诗歌中的一个重要意象，他的很多诗篇都表达了对土地的迷恋和赞颂。（　　）

3. 为下列词语选择正确的解释

   第一组：

   （　　）朦胧　　　　A. 烦闷，不舒畅

   （　　）典雅　　　　B. 不清楚；模糊

   （　　）颓废　　　　C. 意志消沉，精神萎靡

   （　　）郁闷　　　　D. 优美不粗俗

   第二组：

   （　　）淋漓尽致　　A. 指因欣赏美好的情景而心情舒畅

( ) 伤痕累累　　　B. 将来的光景如何难以预测
( ) 前途未卜　　　C. 形容人的心灵或身体受过很多伤
( ) 赏心悦目　　　D. 形容文章或说话详尽透彻

三、小结

学完这一课，你有哪些收获？

_____
_____
_____
_____

四、课外阅读指导

1. 如果你喜爱"朦胧诗"，还可以阅读诗人们的诗集，如北岛的《北岛诗选》《零度以上的风景线》，舒婷与顾城的合集《舒婷、顾城抒情诗选》，以及《海子诗全集》等。

2. 中国诗歌的历史源远流长，从《诗经》到"楚辞"，从南北朝民歌到唐诗、宋词，再到现代的白话自由诗，都有着深厚的文化底蕴和较高的审美情趣，建议你找来以上不同时期的诗歌加以赏析。

第十一讲

老舍的"京味"话剧

一　学习目标

1. 了解老舍的话剧创作情况

2. 了解老舍"京味"话剧的价值与影响

3. 分析《茶馆》的主题及艺术特色

二　关键词

老舍；"京味"话剧；《茶馆》

三　预习思考

1. 你对北京这座城市有哪些了解？

2. 什么是"京味"文学？

第一节 老舍话剧创作概述

本节主要介绍老舍的话剧创作情况、代表作品及"京味"话剧的特色。

老舍（1899—1966），原名舒庆春，北京人，满族。他对于多种文艺体裁都进行过广泛的实践，尤以长篇小说与话剧作品最有影响。

他的初期创作始于1924年至1929年赴英国教书期间写下的三部长篇小说《老张的哲学》《赵子曰》和《二马》，并由此显露出独特的艺术个性：擅长描写北京市民生活，笔调幽默，视野开阔。1930年3月回国后至1937年抗日战争爆发是老舍创作的第二个阶段，此间，他创作了寓言体长篇小说《猫城记》、标志着幽默风格走向成熟的长篇小说《离婚》、中篇小说《牛天赐传》《我这一辈子》、短篇小说《月牙儿》以及著名的长篇代表作《骆驼祥子》等，为底层市民人生的艰难而叹息、鸣不平，建构了自己独特的北京市民社会。

1937年抗日战争爆发，老舍的创作进入了深入发展的阶段，除了长篇小说《鼓书艺人》《火葬》《四世同堂》等，老舍也开始了话剧创作。他写于1939年春的第一个话剧剧本《残雾》，以及1940年春与宋之的合作的话剧《国家至上》等，在重庆、成都、昆明、桂林等地演出后，都获得了热烈的反响。随后，老舍还创作了《张自忠》《面子问题》《大地龙蛇》《归去来兮》《谁先到了重庆》和《桃李春风》（与赵清阁合作）等剧本，都是以抗战为题材的作品。

1949年新中国成立后，老舍为新北京、新中国慷慨高歌，用作品表现中华民族命运的深刻变化，以及一个世纪以来中国普通百姓的挣扎、痛苦和胜利。这一时期，老舍之所以放下小说，热情创作戏剧，用他自己的话说是因为"以一部分劳动人民现有的文化水平来讲，阅读小说也许多少还有困难。可是看戏就不那么

体裁 tǐcái
文学作品的表现形式。可以用各种标准来分类，如根据有韵无韵可分为韵文和散文；根据结构可分为诗歌、小说、散文、戏剧。

爆发 bàofā
突然发作；(事变)突然发生。

慷慨高歌 kāngkǎi gāogē
充满正气，情绪激昂地表达感情。

挣扎 zhēngzhá
用力支撑。

麻烦"。① 在这种自觉意识之下，他接连创作了《方珍珠》《龙须沟》《春华秋实》《西望长安》《茶馆》《女店员》《神拳》等 20 多个剧本。其中，《茶馆》和《龙须沟》等剧历演不衰，成为新中国话剧史上的高峰与经典。

老舍这一时期的话剧，多以北京的胡同、茶馆、大杂院等充满民俗风情的地点为场景，描写北京底层民众的性格和命运，以此反映出整个中国近现代社会的历史变迁，并在这一过程中深化了自己鲜明而浓郁的"京味"风格。

第一，生动地塑造了一系列北京市民形象。老舍自幼生活在北京底层社会，熟悉那里各式各样的人物，了解他们的悲惨命运。他剧作中的人物，三教九流五花八门，什么人都有，洋车夫、小商贩、工匠、佣人、说鼓书的、卖艺的、拳师、娼妓、土匪、地痞等，构成了北京底层社会的人物画廊。老舍写出了他们令人心酸的生活，表现了他们拼命挣扎却难以改变命运的悲剧性格。老舍始终用平民的眼光来看待这些底层民众的遭遇，与作品中人物的感情融为一体，使话剧洋溢着一种北京市民社会的生活气息，有一种特殊的亲和力。

第二，展现了浓郁、多彩的北京民俗。老舍善于把民俗风情的描写与刻画人物、叙述故事结合起来。独特的北京风俗民情，既构成了老舍话剧人物活动的文化背景，也显示了老舍特有的民族风格，增强了老舍"京味"作品的文化意蕴。

第三，用地道的北京方言土语，特别是俗白浅易的口语，无论是作品中人物的语言，还是作者的叙述语言，都简洁明了，极富个性化和准确性，将"北京话"的生命活力发挥到了极致。这是老舍在北京底层社会生活的真切体验基础上的创造，也是他对北京文化的一种阐释和印证。

---

① 老舍《老舍剧作选·序》，北京：人民文学出版社，1978 年 5 月。

新中国成立后，老舍有哪些话剧创作？

历演不衰 lìyǎn-bùshuāi
多次上演都没有衰退过，很受欢迎。

老舍话剧的"京味"特色体现在哪些方面？

三教九流 sānjiào-jiǔliú
旧指宗教或学术上的各种流派或社会上各种行业的人，也泛指江湖上各种各样的人。
商贩 shāngfàn
指现买现卖的小商人。
鼓书 gǔshū
大鼓（曲艺的一种）。
卖艺 màiyì
指在街头或娱乐场所表演杂技、武术、曲艺等挣钱。
地痞 dìpǐ
地方上的恶棍无赖。

俗白浅易 súbái-qiǎnyì
通俗易懂。

第二节 《茶馆》

本节主要介绍《茶馆》的故事内容和艺术特色。

　　三幕话剧《茶馆》写于1957年，它以北京老字号"裕泰茶馆"为场景，塑造了众多不同类型、不同性格的人物形象，展示了时代历史的深刻变迁，描画出了一幅老北京社会风情图。《茶馆》于1958年由北京人民艺术剧院（简称"北京人艺"）首次搬上舞台，即获得巨大成功，此后经久不衰，成为北京人艺的经典保留剧目，至今已先后演出了600多场。从20世纪80年代开始，《茶馆》走出国门，先后在德国、法国、瑞士、日本、新加坡、加拿大、美国等多个国家和地区公演，同样获得了热烈的反响，其成功和轰动的程度，毫不亚于在国内的情形。

《茶馆》首演于哪一年？

　　《茶馆》第一幕以1898年"戊戌变法"失败为背景，以秦仲义办实业、庞太监买老婆、常四爷被逮捕等情节片段，揭示出"裕泰茶馆"表面上人声鼎沸，实际上已经成为"大清帝国"灭亡前的回光返照。老舍通过具体的细节，反映了当时社会的腐朽黑暗，各种矛盾一触即发，表达出"大清国要完"这一鲜明的主题。第二幕以民国初年军阀混战为背景。此时虽然清朝已经灭亡，但中国社会的矛盾并没有得到缓解，社会更加动荡，经济萧条，民不聊生。王利发的茶馆还没重新开业就遭到巡警、密探的敲诈，整个社会陷入了更加黑暗的境地。第三幕以抗日战争胜利和国民党统治为背景。"裕泰茶馆"更加破旧不堪，终于在恶势力的迫害下倒闭。全剧最后，风烛残年的王利发、常四爷和秦仲义唱着哀歌为自己送葬，与这个空前黑暗的旧社会告别。

　　《茶馆》通过描写"裕泰茶馆"的兴盛衰亡，反映了从"戊戌变法"失败到抗日战争胜利前后50年间中国社会的历史变迁。

　　在艺术上，《茶馆》也取得了大的成就，主要表现在以下几个方面：

人声鼎沸 rénshēng-dǐngfèi
人群发出的声音像水在锅里沸腾一样，形容人声喧闹。

回光返照 huíguāng-fǎnzhào
由于日落时的光线反射，因而天空又短时间地发亮；比喻人将死时神志忽然清醒或短暂的兴奋，也比喻旧事物灭亡前表面上的短暂繁荣。

一触即发 yíchù-jífā
比喻形势非常紧张，马上会发生严重的事情。

萧条 xiāotiáo
寂寞冷落，毫无生气。

民不聊生 mínbùliáoshēng
人民没办法生活。

敲诈 qiāozhà
依仗势力或用威胁、欺骗手段，索取财物。

风烛残年 fēngzhú-cánnián
像风中的蜡烛那样随时可能死亡的晚年。

首先，在人物形象塑造方面，《茶馆》中共出现了 70 多个人物，他们来自不同阶层，性格、身份迥异，共同构成了一个完整的社会。在这众多人物之中，王利发、常四爷、秦仲仪三人是贯穿全剧的主要人物，在他们身上，体现了作者从不同角度和侧面对时代社会的理解和批判。

王利发是《茶馆》的中心主人公。他是"裕泰茶馆"的老板，是城市小商人的代表。他20多岁起就继承父业，并为之辛勤操劳了一生。"多说好话，多请安，讨人人的喜欢"，是他的人生哲学。挣钱养家，安居乐业，是他的人生理想。但在现实生活中，他的哲学行不通，他的理想根本无法实现。他虽然胆小怕事，见谁都鞠躬、作揖，但没人买他的账。他渴望社会安定，能好好生活，不仅自己安分守己，还奉劝茶客们"莫谈国事"，但世道依然一天天地恶化。他也懂得顺应社会发展，希望通过不断改良使茶馆长期经营下去——茶座换成了"小桌和藤椅，桌上铺着浅绿桌布"，墙上挂着外国香烟公司的时装美人广告画，茶馆前部卖茶，后部租给学生当公寓，甚至聘用女招待以跟上时代，但这一切都无济于事，"裕泰茶馆"终于没能摆脱遭人抢夺吞并的灾难。最终，他在无比绝望中悬梁自尽。"裕泰茶馆"的衰落和王利发的死，唱出了一曲小人物凄凉的悲歌。

常四爷是吃皇粮的满族旗人代表。他为人正直、刚强，是一个爱国的血性男子。虽是旗人，吃着皇粮，但他对软弱的清王朝非常不满，对入侵中国的洋人更加痛恨。他感叹当时社会的腐败，说"我看哪，大清国要完"！为此还被关进监狱坐了一年多的牢。其后他成为自食其力的劳动者。对于大清国的灭亡，他不是悲叹和惋惜，而是认识到这是历史发展的必然："该亡！我是旗人，可是我得说句公道话！"但单凭他的一腔热血，想与这个黑暗没落的社会抗争，是不会有出路的。

秦仲义是王利发的房东，是主张"实业救国"的维新派资本家的代表。他年轻时是一个有财有势的阔少爷，心怀"实业救国"的理想。"戊戌变法"失败后，他变卖家业，开工厂，抵制外货，希望通过发展工业来救国。然而，抗日战争胜利后，国民党找借

迥异 jiǒngyì
相差很远。

贯穿《茶馆》全剧的主要人物有哪些？

辛勤 xīnqín
辛苦勤劳。

操劳 cāoláo
辛辛苦苦地劳动；费心料理（事务）。

安分守己 ānfèn-shǒujǐ
规矩老实，不做违法乱纪的事。

王利发为什么自杀了？

无济于事 wújìyúshì
对于事情没有什么帮助。

吞并 tūnbìng
吞没。

悬梁自尽 xuánliáng zìjìn
吊在房梁上自杀。

皇粮 huángliáng
旧时指官府的粮食；借指国家供给的资金、物资。

旗人 Qírén
旧称清代隶属八旗的人，特指满族。

自食其力 zìshí-qílì
凭自己的劳动养活自己。

常四爷为什么认为"大清国要完"？

秦仲义为什么失败了？

中国当代文学

口没收了他的全部财产，使他40年的心血毁于一旦。话剧的最后，他感慨道："有钱啊，就该吃喝嫖赌，胡作非为，可千万别干好事！告诉他们哪，秦某人七十多岁了才明白这点道理！"这些话既控诉了当时社会的黑暗，也表明所谓"实业救国"在中国是行不通的。

其次，《茶馆》"以人物带动故事"的叙述结构，使"人"与"事"都得到充分展示，内容饱满，线索清晰。《茶馆》将社会上的各色人物，都放入故事当中，又通过剧情发展的三个不同时代，揭示出人物的命运及其发展变化。主要人物王利发、常四爷、秦仲义等贯串全剧，次要人物则父子相承，命运相关。老舍对人物的描写达到了出神入化的境地，每个人物及其故事，既相对独立，又互相映衬，所有人物都在剧中得到了全方位的展现。这些林林总总的人物在"茶馆"这个大社会的小舞台上演出了一幕幕人间悲剧。这种"以人带戏"的叙述方式是老舍对话剧艺术结构的创新和贡献。

再次，《茶馆》从语言到场面，从性格到故事，都散发着浓郁的"京味"文化气息。剧中人物见面时的相互请安就是生动的例子。第二幕中，松二爷见到即将开业的王利发，立刻恭恭敬敬、不厌其烦地问候道："王掌柜，您好？太太好？少爷好？生意好？"问候中还伴随着半跪半蹲的动作，极富北京文化重"礼性"、讲"秩序"的特征，这在老北京人中间是经常可以看到的。剧中人物悠闲自在的生活方式，也体现出老北京人特有的情调。常四爷、松二爷等人，无论走到哪儿，手中都提着精致的鸟笼，玩鸟已成为他们消磨时光的一种方式。

那些生动清脆的北京话，更增添了剧作的"京味"特色。第一幕中，当房东秦仲义要收回"裕泰茶馆"的房屋时，王利发连忙说："您甭吓唬着我玩，我知道您多么照应我，心疼我，绝不会叫我挑着大茶壶，到街上卖热茶去！"这番流利而殷勤的话语，既奉承了对方，又表明了自己的心意，语言简练却饱含情感，充分体现了王利发机敏灵活的性格。第二幕中，茶馆老伙计李三在清朝灭亡了十几年之后，还是不肯剪掉自己的小辫子，他说："改

毁于一旦 huǐ yú yídàn
在一天的时间全被毁掉，多指长期劳动的成果一下子被毁掉。于：在；一旦：一天。

控诉 kòngsù
向有关机关或公众陈述受害经过，请求对于加害者做出法律或舆论的制裁。

出神入化 chūshén-rùhuà
形容技艺达到了绝妙的境界。

映衬 yìngchèn
映照；衬托。

《茶馆》体现出哪些老北京的风俗民情？

悠闲自在 yōuxián zìzài
闲暇舒适，无拘无束。

消磨时光 xiāomó shíguāng
耗时间，虚度年月。

殷勤 yīnqín
热情而周到。

奉承 fèngcheng
用好听的话恭维人，向人讨好。

良！改良！越改越良，冰凉！""哼！我还留着我的小辫儿，万一把皇上改回来呢！"这几句纯粹地道的大白话，生动有趣，直达主题，把北京社会最底层那些既没有文化又没有觉悟的小人物刻画得活灵活现。

作为老舍"京味"话剧的典型代表，《茶馆》凝结了鲜明浓郁的京腔京韵、京情京景，它蕴含了北京城的历史和现实发展，表现了北京人的生活状况以及他们的思想和灵魂，涵盖了中华民族精神的某些本质特征。《茶馆》艺术价值最核心的体现，就在于它从最北京走向最民族，又走向整个世界。

20世纪80年代以来，一批作家、编剧和导演热情地追随老舍，自觉地学习老舍，陆续出现了一大批有声有色的"京味"话剧作品，其中重要的有《左邻右舍》（1980）、《小井胡同》（1985）、《天下第一楼》（1988）、《鸟人》（1993）、《旮旯胡同》（1993）、《前门楼》（1993）、《北京大爷》（1995）、《棋人》（1995）、《鱼人》（1997）、《古玩》（1997）、《坏话一条街》（1998）、《万家灯火》（2002）、《北街南院》（2003）、《开市大吉》（2004）、《厕所》（2004）、《红尘》（2005）、《全家福》（2005）、《东房西屋》（2006）等，它们经过北京人艺的排演，一直活跃在舞台上，使"京味"话剧在当今越来越追捧时尚文化的市场上仍然一枝独秀。

觉悟 juéwù
一定的政治认识。

活灵活现 huólíng-huóxiàn
形容描述或模仿的人生动逼真，也说活龙活现。

京腔 jīngqiāng
北京语音。

京韵 jīngyùn
同"京腔"。

老舍对当代"京味"话剧的发展产生了什么样的影响？

一枝独秀 yìzhī-dúxiù
其他花没有开放，只有这一枝在开着。形容在同类事物中最为突出，最为优秀。

【文化注释】

1. **寓言体** yùyántǐ

用寓言的形式讲述。寓言，用假托的故事或自然物的拟人手法来说明某个道理或教训的文学作品，常常带有讽刺或劝诫的性质。

2. **戊戌变法** Wùxū Biànfǎ

指1898年（中国农历戊戌年），以康有为为首的改良主义者通过清朝光绪皇帝（1871—1908）所进行的资产阶级政治改革，是清朝光绪年间的一项政治改革运动。

3. 维新派　wéixīnpài

活动于19世纪90年代的中国资产阶级政治派别之一。以康有为、梁启超等为主要代表。他们在中日甲午战争后民族危机日益严重的背景下，主张变法维新，救亡图存，振兴国家。他们提倡资产阶级新文化，变君主专制为君主立宪制，积极从事变法的理论宣传和组织活动。

一、讨论

1. 新中国成立后，老舍为什么放弃小说转而进行大量的话剧创作？

2. 老舍话剧的"京味"特色体现在哪些方面？

3. 时至今天，北京人艺只要上演老舍的《茶馆》，仍然是一票难求，场场爆满，你认为《茶馆》在戏剧舞台上经久不衰的原因是什么？

二、练习

1. 填空

（1）老舍原名_____，北京满族人。

（2）《茶馆》写于_____年，共有_____幕。

（3）《茶馆》中贯穿全剧的三个主要人物是_____、_____和_____。

2. 判断对错

（1）新中国成立前，老舍没有从事过话剧创作。（　　）

（2）新中国成立后，老舍以饱满的热情创作了《方珍珠》《龙须沟》和《茶馆》等剧本。（　　）

（3）老舍的话剧中多用北京市民俗白浅易的口头话语，语言明白晓畅。（　　）

（4）《茶馆》中的王利发是满族旗人的代表，他为人正直、刚强，有着一副忠肝义胆。（　　）

（5）《茶馆》里的人物分别来自不同阶层，性格、身份迥异，他们共同构成了一个完整的社会。（　　）

3. 为下列词语选择正确的解释

第一组：

（　　）爆发　　　　　　　A. 用力支撑

（　　）挣扎　　　　　　　B. 映照，衬托

（　　）迥异　　　　　　　C. 事变突然发生

（　　）映衬　　　　　　　D. 相差很远

第二组：

（　　）民不聊生　　　　　A. 不嫌麻烦，形容耐心

（　　）不厌其烦　　　　　B. 人民没办法生活

（　　）出神入化　　　　　C. 凭自己的劳动养活自己

（　　）自食其力　　　　　D. 技艺达到绝妙的境界

三、小结

学完这一课，你有哪些收获？

_____

_____

_____

四、课外阅读指导

1. 如果你喜欢话剧，在阅读剧本的同时可以到剧院观看现场演出，这将帮助你加深对"京味"话剧的理解。

2. 除《茶馆》之外，苏叔阳的《左邻右舍》、李龙云的《小井胡同》、何冀平的《天下第一楼》等一批有声有色的"京味"话剧也有着无穷的魅力，建议你阅读和观看。

第十二讲

新世纪以来的文学态势

一 学习目标

1. 了解新世纪以来中国文学发展的新态势
2. 了解"青春写作"的出现及影响
3. 了解"网络文学"的发展情况
4. 了解苏童、毕飞宇、迟子健等作家的创作情况

二 关键词

"青春写作";网络文学;苏童;毕飞宇;迟子建

三 预习思考

1. 什么是"80后写作"?
2. 你喜欢读网络文学作品吗?你知道哪些网络作家?

第一节 "青春写作"

本节介绍"青春写作"出现的背景及其代表作家、作品。

20世纪末至21世纪初，中国经济飞速发展，科学技术不断提高，消费文化日益兴起，电视、电脑、手机等电子产品日益普及，并成为了人们生活中不可缺少的通信和娱乐工具。互联网等新媒体的出现，开阔着人们的视野，丰富了人们的生活，中国社会进入了一个物质、精神生活都非常丰富的时期。与此同时，文学的新生力量也开始萌生和勃发，其中最突出的两个现象就是"青春写作"与"网络文学"。

普及 pǔjí
普遍推广，使大众化。

"青春写作"与"网络文学"是在什么样的时代背景下出现的？

勃发 bófā
焕发；蓬勃生发。

进入21世纪，80年代出生的青年人正在走向成熟，并在社会生活中承担起重要角色，他们展示出了自己的个性、才华和能力。这些年轻人被称为"80后"。作为一个群体，"80后"乃至"90后"们拥有一些共性：他们大部分是独生子女，生活条件优越，生活经历简单；受过较好的教育，对校园生活有深刻的体会；他们信息灵通，视野开阔，能高效地利用互联网获取信息资料并进行写作。"80后""90后"们在文坛上崭露头角，他们的文学创作逐渐走入了人们的视野，受到了图书市场的追捧，特别是受到了年轻读者的青睐，一时间，"青春写作"成为时尚，也成为现实。

什么样的人被称为"80后"？作为一个群体，他们有哪些共同特点？

崭露头角 zhǎnlù-tóujiǎo
比喻突出地显露出才能和本领（多指青年）。

青睐 qīnglài
比喻喜爱或重视。

在"青春写作"潮流中，韩寒、郭敬明、张悦然、蒋方舟、李傻傻、春树、徐鹏、刘卫东等是其中的佼佼者和领军人物。他们的作品大多表现校园生活的点点滴滴和青春期成长的烦恼，呈现出纯情浪漫的色调，同时也流露出一些颓废的情绪。他们在作品中大力张扬个性，试图表现出颠覆传统价值观、打破墨守成规的思想意识和倾向。

潮流 cháoliú
由潮汐而引起的水流运动；比喻社会变动或发展的趋势。

佼佼者 jiǎojiǎozhě
水平胜过一般的人。

颓废 tuífèi
志气消沉，精神萎靡。

颠覆 diānfù
翻倒。

"80后"作家的创作风格并不是统一的，不同的作家具有不同的特点。其中，李傻傻（1981—）出生于农村，是"80后"作家中为数不多的有着乡村背景的作家。他的小说充满了青春活力，文字细密、华丽，散文清新而又质朴，读来让人感觉有远离

墨守成规 mòshǒu-chéngguī
一直按照原来的方法做事，不肯改进。

尘嚣的恬淡，代表作品有长篇小说《红 X》等。张悦然（1982— ）以细致入微的细节描写、新奇丰富的意象运用和真诚的书写态度赢得了读者的喜爱。她的作品记录了少男少女们成长过程中的心理轨迹，真诚地展现了青春期人们的欲望和追求，代表作品有《葵花走失在1890》《誓鸟》等。蒋方舟（1989— ）毕业于清华大学，是一位早慧并充满灵性的作家，她9岁写成散文集《打开天窗》，11岁写成长篇小说《正在发育》，之后又陆续出版了《骑彩虹者》《第一女生》和《谣言的特点》等作品。她打破了传统书写方式，文字轻松随意，看似无章可循，但读来洒脱灵动，充满新鲜感。

在"80后"作家中，韩寒和郭敬明是影响最大、最广的两位，也是一直活跃于各类媒体的时尚人物。韩寒（1982— ），身兼赛车手、作家、杂志编辑等多重身份。他初中就开始写作，1999年凭借《杯中窥人》一文获得首届"新概念作文大赛"一等奖，并引起了文坛的关注。同年，正在读高一的韩寒选择退学，开始自由写作生涯，先后出版了《三重门》《长安乱》《一座城池》《光荣日》《1988，我想和这个世界谈谈》等小说，以及《零下一度》《通稿2003》《就这么漂来漂去》等散文集。其代表作《三重门》以一个中学生的视角展示了当代青少年生活中的亲子关系、师生关系、同学关系的特点和矛盾，引起了青少年读者的共鸣，再加上小说语言口语化明显，诙谐幽默，一经出版便成为畅销书，后又被改编成电视剧，产生了很大反响。

郭敬明（1983— ）除了作家身份以外，也是商人和编辑，代表作有小说《幻城》《左手倒影，右手年华》《梦里花落知多少》，散文集《爱与痛的边缘》，音乐小说《迷藏》《剑侠情缘》，以及主编的杂志《岛》系列，等等。与韩寒的犀利和戏谑不同，郭敬明的作品显现出自怜、自恋式的感伤，他的文字华美而古典，纯净而飘逸，充满了寂寞和忧伤的情绪，这种基调正好符合青春期人们的心理状态，打动了年轻读者的心。

时至今日，"80后写作"已经成为中国当代文坛一个不可忽视的文学现象，随着春树、韩寒、李傻傻等作家先后登上美国《时代周刊》杂志封面，世界也开始关注中国新一代作家的成长。

尘嚣 chénxiāo
人世间的纷扰喧嚣。

早慧 zǎohuì
（少年儿童）智力提前发育。

洒脱 sǎtuō
（言谈、举止、风格）自然；不拘束。

"80后写作"有哪些代表作家？

韩寒的代表作有哪些？

共鸣 gòngmíng
由别人的某种情绪引起了相同的情绪。

诙谐 huīxié
说话有风趣，引人发笑。

犀利 xīlì
（武器、言语）锋利；锐利。

戏谑 xìxuè
用有趣的引人发笑的话开玩笑。

郭敬明的创作有什么个性特点？

第二节　网络文学

本节主要介绍"网络文学"的特征、代表作家和作品。

新世纪以来,"网络文学"作为一种新的文学形式悄然兴起并不断发展壮大。互联网的普及为文学提供了新的媒介载体和传播方式,很多网络写手,特别是"80后"写手开始利用网络这个虚拟的空间发表自己的原创作品,进行文学互动,博客、论坛、贴吧和一些专门的网站如"红袖添香""起点中文网""新浪读书频道""搜狐读书频道"等都已成为最新网络作品的交流平台。

作为一种新兴的文学形式,网络文学有不同于传统文学的鲜明特征:

首先,网络的开放性和虚拟性注定了网络文学生存状态的相对自由,这使得普通写作者发表作品的成功率大大提高。当原创文学发表后,读者可以在第一时间给予反馈,甚至直接参与到创作当中,使原创文学的修改变得更加自如。但自由的存在也使得一些素质低下的写作者有机可乘,致使很多网络文学作品不仅质量不高,甚至流于低俗,这也是网络文学存在的重要问题。

其次,网络文学在某种意义上表现出抵制崇高的精神姿态。与传统文学追求作品崇高的精神价值和典雅的文字风格不同,网络文学热衷于贴近大众百姓的日常生活。为了颠覆传统的价值观,网络文学出现了大量解构经典的作品,如西门若水的《孙悟空三打白骨精搞笑版》、飘云的《我也玩玩诗歌行不行》等。在内容上,网络文学更多地将娱乐性、趣味性放在第一位,而调侃、嘲弄、讽刺也成为其重要的语言特色。

再次,网络文学题材丰富,形式灵活。"网络小说"是网络文学中数量最多、影响最大的一类文体,根据题材,可以分为穿越小说、言情小说、官场小说、武侠小说、历史小说、盗墓小说等,其中"穿越"是近年网络小说最热门的题材。

虚拟　xūnǐ
虚构。不符合或不一定符合事实的,假设的。

原创　yuánchuàng
最早创作;首创。

"网络文学"有哪些特征?

反馈　fǎnkuì
(信息、反映等)返回。

有机可乘　yǒujīkěchéng
有空子可以利用,也说有隙可乘。

崇高　chónggāo
最高尚的。

典雅　diǎnyǎ
优美不粗俗。

解构　jiěgòu
对某种事物的结构和内容进行剖析。

调侃　tiáokǎn
用言语戏弄;嘲笑。

嘲弄　cháonòng
嘲笑戏弄。

穿越　chuānyuè
通过;穿过。

盗墓　dàomù
挖掘坟墓,盗取随葬的东西。

在网络文学的发展过程中,"网络写手"①们起着举足轻重的作用。自 20 世纪 90 年代至今,一批又一批的网络写手走红,并获得了社会的关注和读者的认可,但他们的作品具有相当的时效性,数量虽多但生命力往往不能持久。第一批网络写手出现于上世纪 90 年代,代表人物有蔡智恒(痞子蔡,台湾)、安妮宝贝、李寻欢、宁财神、刑育森等,代表作品分别为《第一次的亲密接触》《告别薇安》《迷失在网络与现实之间的爱情》《缘分的天空》《活得像个人样》等。

第二批网络写手则活跃于世纪之交,有今何在、云中君、顾诚、王文华、陆幼青等,代表作品分别为《悟空传》《我一定要找到你》《金陵十二钗的网络生活》《蛋白质女孩》《死亡日记》等。今何在的《悟空传》是这一时期最为读者所熟知的作品。作者以现代人的视角重新解读了《西游记》的某些情节,也赋予了主要角色以新的性格特征,叙事形式新颖,语言轻松幽默,贴近现实生活,充满现代的时尚元素,很多青年读者对它喜爱有加。小说出版后引起了广大网民的阅读高潮,并成为"网络人文书"丛书系列之一。

第三批网络写手成名于近十年间,代表作家作品如当年明月的《明朝那些事儿》、天下霸唱的《鬼吹灯》、辛夷坞的《致我们终将逝去的青春》、桐华的《步步惊心》、流潋紫的《后宫·甄嬛传》等。当年明月的《明朝那些事儿》是网络历史小说中的经典之作,小说写的是古代的历史,却呈现了现代化的思维模式和话语方式,令人耳目一新。而《后宫·甄嬛传》则以其情节的巧妙严谨、语言的典雅优美、人物数量之多和性格刻画之鲜活而成为同类网络小说中的翘楚。《后宫·甄嬛传》共七卷 151 万字,可谓是鸿篇巨制,之后被改编为同名电视剧,持续热播,影响广泛。

作为一种新的文学现象,网络文学为中国文坛注入了新鲜的血液。目前,网络文学发展还不成熟,虽然不乏比较优秀的作品,但粗制滥造的作品也大量存在,如何正确引导网络文学的发展是当今时代与社会面临的一个重要问题。

---

① 参见欧阳友权主编《网络文学概论》,北京:北京大学出版社,2008 年 1 月。

赋予 fùyǔ
交给(重大任务、使命等)。

耳目一新 ěrmù-yìxīn
听到的、看到的都换了样子,感到很新鲜。

翘楚 qiáochǔ
原指高出杂树丛的荆树,后用来比喻杰出的人才。

鸿篇巨制 hóngpiān-jùzhì
规模宏大的著作。

粗制滥造 cūzhì-lànzào
制作粗劣,不讲究质量。也指工作不负责任,草率从事。

如何看待"网络文学"和优点与不足?

第三节　走向世界的中国文学

本节主要介绍中国当代文学的最新发展态势，以及苏童、毕飞宇、迟子建等作家的创作。

21世纪以来，随着中国与世界文化交流的深入发展，中国文学也不断走进世界文学的殿堂，与世界文化融合。文学承载着中国沉重丰厚的历史，反映了中国当下复杂多变的社会现实，寄予着中国人对美好未来的梦想。文学是沟通中国与世界最好的精神园地之一。2012年莫言获得诺贝尔文学奖后，更促使国人以一颗平常心来对待"诺奖"，并加紧了对中国文学自身发展的思考。

除莫言外，中国当代还有很多作家具备相当的创作实力和潜力，如贾平凹、陈忠实、张炜、余华、苏童、毕飞宇、迟子建等。他们各自书写着不同的人生感悟，从不同视角构建着自己的精神家园，他们的作品也拥有相当一部分海外读者，并在世界图书市场上占有自己的一席之地。

苏童（1963—），江苏苏州人。1983年开始发表小说，到今天已经有作品百十万字，包括《一九三四年的逃亡》《罂粟之家》《红粉》《妻妾成群》《米》《离婚指南》等。

苏童用艳丽、浪漫的语言在小说中构建了一个唯美、典雅的"南方世界"。苏童将笔触直接指向了生活于世俗凡尘中的人们，他们的苦闷、焦虑，他们对生命的认识、对生存的诘问和复杂微妙的心理世界，都是苏童书写的对象。"香椿树街""枫杨树"已成为苏童小说的文学符号，它们凝聚着作家对家乡的依恋，充满了作家对故土南国的想象。

"逃亡"是苏童小说常常出现的一个意象，由故乡出逃，从农村逃往城市……他创造出了一系列在"逃亡"途中的人物，一群失去了生存空间或精神家园的流浪者，他们反抗着平庸无聊的生活和既定的命运，寻求新的出路但又没有方向，苏童为他们吟唱了一曲曲凄迷哀怨的悲歌。

殿堂　diàntáng
指宫殿、庙宇等高大建筑物。

承载　chéngzài
托着物体，承受它的重量。

一席之地　yìxízhīdì
指极小的一块地方或一定的位置。

唯美　wéiměi
追求绝对的美，但真正意义上的唯美并不存在于这个世界。

诘问　jiéwèn
追问，责问。

苏童的小说有哪些特点？

逃亡　táowáng
逃走而流浪在外。

凄迷　qīmí
悲伤；怅惘。

哀怨　āiyuàn
悲伤而含怨恨。

第 12 讲

苏童小说的另一个特点就是塑造了一群血肉丰满的女性形象。这些女性不都是纯洁美好的天使，也不再是体现着女性解放、反抗男性压迫的思想先进者，而是一个个陷落在琐碎生活中的女性。她们也有生命的种种欲望，她们渴望生存，于是不得不在同性之间展开争斗，她们也曾经历内心的挣扎，但最终还是屈服于生存现状，重演一幕幕命运的悲剧。

《妻妾成群》是苏童的代表作之一。小说主人公颂莲是一位受过教育的"新女性"，她19岁时家道中落，为了吃饭穿衣，她放弃了"新女性"应有的尊严和追求，自愿接受旧式婚姻，嫁入陈家做小妾。陈家是一个世代承袭的封建大家族，虽然十分富有，但对人性的禁锢和摧残到了无以复加的地步。这样的生活环境使颂莲的自尊逐步瓦解，她渐渐地参与到了几位姨太太为了争宠而展开的残酷的明争暗斗中。她想尽各种办法获得老爷陈佐仟的宠爱，变得卑微、放荡，甚至虐待下人。为了得到牢固的家庭地位，颂莲力图为陈佐仟生个儿子，但是已丧失性能力的丈夫最终让她失望了。看着一个个女人被投进那口深井，颂莲恐惧而绝望，她最终无法忍受这糜烂而压抑的生活，精神失常，变成了一个疯子。疯了的颂莲却不知道自己真正的敌人到底是谁，她最后的愿望就是不要被投井。小说对女性心理挣扎的描写细致而深刻。1991年，张艺谋导演将其改编成电影《大红灯笼高高挂》搬上银幕，引起了强烈的反响。

毕飞宇（1964—），江苏兴化人，代表作有小说《青衣》《祖宗》《玉米》《慌乱的指头》等。2011年，长篇小说《推拿》获第八届"茅盾文学奖"。毕飞宇的小说涉及乡村与城市，时空穿梭于历史与现实之间，主题深沉厚重，语言简约明丽并闪烁着哲学的光芒。

《青衣》是毕飞宇的代表作之一。筱燕秋是一位京剧演员，她出身于戏曲之家，美丽、骄傲、偏执，对艺术有着狂热的追求。她19岁时因出演《奔月》中"嫦娥"一角一举成名，并坚定地认为自己才是"嫦娥"的最佳人选。由于贪图名利，她想独霸"嫦娥"，伤害了自己的老师李雪芬，从此再没有登台表演。20年过

陷落　xiànluò
陷入，落在（不利的境地）。

妾　qiè
旧时男子在妻子以外娶的女子。

家道中落　jiādào zhōngluò
家业衰败，境况没有从前富裕。

禁锢　jìngù
束缚，强烈限制。

无以复加　wúyǐfùjiā
达到极点，不可能再增加。

瓦解　wǎjiě
比喻崩溃或分裂。

卑微　bēiwēi
地位低下。

放荡　fàngdàng
放纵，不受约束或行为不检点。

虐待　nüèdài
用残暴狠毒的手段对待。

糜烂　mílàn
腐化堕落。

颂莲为什么疯了？

穿梭　chuānsuō
像织布的梭子来回活动，形容来往频繁。

筱　Xiǎo
细竹子。这里是中国人的姓。

偏执　piānzhí
偏激而固执。

一举成名　yìjǔ-chéngmíng
指经过一次行动就出了名，一下子就出了名。

贪图名利　tāntú mínglì
极力希望得到（某种好处）。

中国当代文学

去了，筱燕秋一直没有放弃重上舞台的梦想，将饰演"嫦娥"看作人生的全部价值。后来，烟厂老板出资重拍《奔月》，她为了达到目的，发疯式地减肥，不惜牺牲自己的尊严与老板上床。在排练过程中，她嫉妒并欺骗自己年轻漂亮的徒弟春来，而春来却得到了观众的认可。最后，身体透支的筱燕秋在观众对春来的一片叫好声中精神崩溃，在剧场外又唱又跳，陷入了疯狂。小说通过筱燕秋充满梦想与伤痛的人生境遇，表现了社会生活与内心渴望之间的矛盾，对人的激情与勇气给予了肯定，对虚荣与背叛进行了批判，对芸芸众生表现出了无限的悲悯。

迟子建（1964—），生于黑龙江，是中国当代影响最广泛的女作家之一。她1983年开始写作，代表作有长篇小说《伪满洲国》《额尔古纳河右岸》，小说集《雾月牛栏》《逝川》《清水洗尘》《白雪的墓园》，散文随笔集《伤怀之美》《我的世界下雪了》等。迟子建用童年的记忆书写了"北极村"的自然景观和乡亲们的生存状态，其作品具有鲜明的地域色彩。对死亡和生存的思考、对婚恋与情爱的表现也是迟子建小说的重要主题。她的小说倾注了对世界无限的爱，对辛酸的生活进行着温情的书写，具有诗化和散文化的特征，语言清新、淡雅，呈现了平和、纯静的意境。

《额尔古纳河右岸》是迟子建的代表作之一，2008年获第七届"茅盾文学奖"。这是第一部描写东北少数民族鄂温克人生存现状和历史变迁的长篇小说。故事由一位90岁的老人讲述而成，她仅仅用了一天的时间，追忆了过去100年间发生的事。这位老人从清晨开始讲起，一直到月亮升起才结束，所以这部小说分为"清晨""正午""黄昏"和"半个月亮"四个部分。在老人的讲述中，我们得知鄂温克人是一个数百年前从贝加尔湖迁徙而来的民族，他们与驯鹿为伴，寻找适合驯鹿生存的环境居住，他们打猎、迁徙，享受大自然赐予的恩惠，然而也备尝生活的艰辛。鄂温克人的数量越来越少，但他们在克服严寒、躲避瘟疫和猛兽中执着而坚强地繁衍生息，在日寇的铁蹄和现代社会的转型中谋求生存。他们挚热地爱恋、决绝地仇恨，他们对自己的民族有着深沉的热爱，在命运面前殊死抗争，顽强而坚定地生活着。但是面对整个

筱燕秋最后为什么精神崩溃了？

透支　tòuzhī
比喻精神、体力过度消耗，超过所能承受的程度。

虚荣　xūróng
表面上的光彩。

悲悯　bēimǐn
哀怜；怜悯。

迟子建的创作有什么特点？

迁徙　qiānxǐ
迁移。

瘟疫　wēnyì
指流行性急性传染病。

繁衍生息　fányǎn shēngxī
表示生命的延续。繁衍：逐渐增多或增广；生息：生活。

部落的日渐衰微，鄂温克人也感到无可奈何。小说通过老人之口展现了东北边陲独特的民族风情，讲述了一代又一代鄂温克人的爱恨情仇和生死传奇，显示了那鲜为人知的弱小部落顽强的生命力和百折不挠的民族精神。

边陲　biānchuí
边境。

百折不挠　bǎizhé-bùnáo
无论受多少挫折都不退缩，形容意志坚强。也说百折不回。

《额尔古纳河右岸》主要写了什么故事？

【文化注释】

1. 鄂温克人　Èwēnkè rén

鄂温克族人主要分布在中国东北黑龙江省讷河县和内蒙古自治区，俄罗斯也有分布。鄂温克是民族自称，意思是"住在大山林里的人们"。鄂温克族有自己的语言但无文字。鄂温克牧民大多使用蒙古文，农民则广泛使用汉文。

2. 贝加尔湖　Bèijiā'ěr Hú

位于俄罗斯东西伯利亚南部，是世界上年代最久的湖泊，为世界第七大湖，形状为新月形，中国古称"北海"，曾是中国古代北方游牧民族主要活动地区。

一、讨论

1. 你认为《三重门》《幻城》为什么能成为畅销书？

2. 网络文学在未来会不会代替纸质文学？为什么？

3. 新世纪以来，中国文学在哪些方面正不断地与世界文化融合？

二、练习

1. 填空

（1）"80后"作家中，_____和_____是在社会上影响最广泛的两位作家。

（2）_____是的小说《妻妾成群》中的女主人公。

（3）毕飞宇凭借长篇小说《_____》获2011年第八届"茅盾文学奖"。

（4）迟子建的《_____》是第一部描写中国东北少数民族鄂温克人生存现状和历史变迁的长篇小说。

2. 判断对错

（1）"青春写作"与"网络文学"是中国新世纪文学发展中的两个重要现象。
（　　）

（2）韩寒、郭敬明、蒋方舟等"80后"作家的创作风格都是统一的。（　　）

（3）校园生活和成长的烦恼是"80后""90后"作家在作品中表现的重要内容。
（　　）

（4）"网络文学"在中国的发展已经十分成熟。（　　）

（5）苏童的小说善于塑造女性形象。（　　）

3. 为下列词语选择正确的解释

第一组：

（　　）青睐　　　　　　A. 表面上的光彩

（　　）洒脱　　　　　　B. 由别人的某种情绪引起了相同的情绪

（　　）共鸣　　　　　　C. （言谈、举止、风格）自然；不拘束

（　　）虚荣　　　　　　D. 比喻喜爱或重视

第二组：

（　　）一举成名　　　　A. 家境衰败，没有从前富裕

（　　）百折不挠　　　　B. 比喻突出地显露出才能和本领

（　　）家道中落　　　　C. 无论受多少挫折都不退缩

（　　）崭露头角　　　　D. 一下子就出了名

三、小结

学完这一课，你有哪些收获？

_____

_____

_____

_____

四、课外阅读指导

1. 网络小说中,九把刀的《那些年,我们一起追的女孩》也是一部优秀的作品,这部小说以清新、幽默的笔调书写了一个青春成长的故事。以此改编的电影《那些年,我们一起追的女孩》清新浪漫,推荐大家欣赏。

2. 苏童、毕飞宇、迟子建等都是当代优秀作家的代表,阅读苏童的《红粉》、毕飞宇的《推拿》、迟子建的《雾月牛栏》等作品,将帮助你加深对这几位作家的了解,走进他们多彩的文学世界。

附录　练习参考答案

第一讲

1. 填空

（1）1949　（2）革命样板戏　（3）班主任　（4）茶馆　（5）蛙

2. 判断对错

（1）√　（2）√　（3）×　（4）×　（5）√

3. 为下列词语选择正确的解释

第一组：C D B A　　　第二组：B C A D

第二讲

1. 填空

（1）静静的产院　高高的白杨树　（2）1958

（3）小通讯员　新媳妇　　　（4）（人民）解放

2. 判断对错

（1）√　（2）×　（3）√　（4）√　（5）√

3. 为下列词语选择正确的解释

第一组：B C D A　　　第二组：C D A B

第三讲

1. 填空

（1）江苏　（2）大淖记事　（3）明海　英子

2. 判断对错

（1）√　（2）×　（3）√　（4）×　（5）√

3. 为下列词语选择正确的解释

第一组：C B D A　　　第二组：D B C A

第四讲

1. 填空

（1）透明的红萝卜 （2）高密东北乡 （3）戴凤莲 （4）抗日

2. 判断对错

（1）√ （2）√ （3）× （4）√

3. 为下列词语选择正确的解释

第一组：B D A C　　　第二组：C D B A

第五讲

1. 填空

（1）活着 （2）李光头　宋钢 （3）活着　许三观卖血记
（4）1995

2. 判断对错

（1）√ （2）× （3）√ （4）√

3. 为下列词语选择正确的解释

第一组：C A D B E　　　第二组：B D E C A

第六讲

1. 填空

（1）上海 （2）王琦瑶 （3）40　90

2. 判断对错

（1）√ （2）× （3）√ （4）√ （5）×

3. 为下列词语选择正确的解释

第一组：B C D A　　　第二组：C A D B

第七讲

1. 填空

（1）荷花淀 （2）荷花淀派 （3）散文 （4）1982

2. 判断对错

（1）√ （2）√ （3）× （4）√ （5）×

3. 为下列词语选择正确的解释
第一组：D A B C　　　　第二组：B C D A

第八讲

1. 填空

（1）商州 （2）小说　散文 （3）金狗 （4）浮躁　秦腔 （5）1981

2. 判断对错

（1）× （2）√ （3）× （4）×

3 为下列词语选择正确的解释
第一组：D A C B　　　　第二组：B C D A

第九讲

1. 填空

（1）1992 （2）历史文化　自然山水 （3）苏州

2. 判断对错

（1）√ （2）× （3）√ （4）√ （5）×

3 为下列词语选择正确的解释
第一组：C D A B　　　　第二组：D A B C

第十讲

1. 填空

（1）今天 （2）食指 （3）回答 （4）顾城 （5）海子

2. 判断对错

（1）√ （2）√ （3）× （4）× （5）√

3. 为下列词语选择正确的解释
第一组：B D C A　　　　第二组：D C B A

第十一讲

1. 填空

（1）舒庆春 （2）1957　三 （3）王利发　常四爷　秦仲义

2. 判断对错

（1）× （2）√ （3）√ （4）× （5）√

3. 为下列词语选择正确的解释

第一组：C A D B　　　　第二组：B A D C

第十二讲

1. 填空

（1）韩寒　郭敬明　（2）颂莲　（3）推拿　（4）额尔古纳河右岸

2. 判断对错

（1）√ （2）× （3）√ （4）× （5）√

3. 为下列词语选择正确的解释

第一组：D C B A　　　　第二组：D C A B

后　　记

　　本书从构想、编写、课堂试用到与读者见面，经历了五年的时间。应该说，是诸多师友的鼓励和支持，才有了本书的最终问世。

　　在此，要特别感谢北京语言大学出版社的唐琪佳、刘艳芬、张莹等诸位编辑，她们在本书编写过程中，提出了一系列富有建设性的意见，显示了睿智的眼光，并付出了艰辛的劳动。

　　还要感谢我的研究生孙亚男、黄盛和姚佳好，孙亚男、黄盛参与了资料收集及初稿撰写工作，姚佳好则在课堂试用、修改、定稿等方面参与其中，给予我很大的帮助和支持。

　　编写出一本适合留学生使用的教材是本书的初衷，但实际做得如何只能由教学来验证了。我们深知本书还有诸多不足，诚恳地希望专家和广大读者批评指正！

李春雨

2015 年 5 月 5 日于北京